1인
회사
: 청년편

'자기다움, 톡톡 튀는 아이디어, 소자본'을 키워드로 하는
1인 회사: 청년 편

지은이 | 수희향
펴낸곳 | 북포스
펴낸이 | 방현철

편집자 | 공순례
디자인 | 엔드디자인

1판 1쇄 찍은날 | 2016년 4월 8일
1판 1쇄 펴낸날 | 2016년 4월 15일

출판등록 | 2004년 02월 03일 제313-00026호
주소 | 서울시 영등포구 양평동5가 18 우림라이온스밸리 B동 512호
전화 | (02)337-9888
팩스 | (02)337-6665
전자우편 | bhcbang@hanmail.net

이 도서의 국립중앙도서관 출판시도서목록(CIP)은 e-CIP 홈페이지(http://www.nl.go.kr/ecip)와
국가자료공동목록시스템(http://www.nl.go.kr/kolisnet)에서 이용하실 수 있습니다.
(CIP제어번호: 2016007686)

ISBN 978-89-91120-99-0 03320
값 13,000원

'자기다움, 톡톡 튀는 아이디어, 소자본'을 키워드로 하는

청년 편

1인 회사

수희향 지음

북포스

인터뷰집을 작업하는 일에서는 좋은 사례를 발굴하는 것이 가장 중요하다. 아무리 기획이 그럴싸하다 해도 그에 걸맞은 풍부한 사례가 없다면 속 빈 강정이기 때문이다. 그런 의미에서 이번 청년 편에서는 무엇보다 먼저 아홉 명의 인터뷰이 모두에게 거듭 감사의 말을 전하고 싶다. 기획을 마치고 인터뷰에 나서기 전에는 이런저런 걱정이 있었다. 기성세대에게도 쉽지 않은 1인 지식기업가의 여정에 우리 청년들이 얼마나 올랐겠나 싶었고, 혹시 있다 한들 책으로 엮을 만한 사례가 되어줄 수 있을까 하는 우려였다. 전작 남성 편, 여성 편에 비해 내용이 충실하지 못하면 어쩌나 싶었다. 하지만 인터뷰를 시작한 지 얼마 되지 않아 그것이 순전히 기우였음이 밝혀졌다. 어떤 면에서는 오히려 전작의 사례들보다 더 특이하고 톡톡 튀는 이야기들이 많았다고 할 정도다. 인터뷰를 하는 중임을 잊고 그들의 이야기에 빨려든 적이 한두 번이 아니었기에 말이다. 한편으론 앞선 세대들이 보여주지 못한 창직(創職)의 길을 스스로의 힘으로 씩씩하게 개척해나가는 그들이 장하고 고마웠고, 다른 한편으론 어딘가 미안하고 안쓰러웠다. 인터뷰 내내 지울 수 없었던 그 미안함과 고마움을, 이 자리에서 다시 한 번 깊은 감사를 전하는 것으로 대신하고 싶다.

이번에도 변함없이 사례를 소개해주신 서울산업진흥원의 관계자분들께 감사의 말씀을 전한다. 이분들이 없었다면 이토록 귀하고 좋은 사례들을 찾아내지 못했을 것이다. 그분들이 소개해주신 창업가들이야말로 자신만의 틈새시장을 개척해나가는 진정한 1인 기업가들이었다. 또한 자신의 모든 인맥을 총동원하여 가장 자기중심이 잡힌 프리랜서를 소개해준 명로진 작가님과 가장 야무진 방송작가를 소개해준 정진경 방송작가님께도 감사의 마음 전한다. 두 분의 도움으로 감히 대한민국 대학 교육에 도전장을 내밀며 스스로 창직의 길을 가는 가장 자유로운 영혼들을 인터뷰할 수 있었다.

언제나처럼 한여름의 더위를 마다치 않고 인터뷰장에 늘 함께하고 녹음 내용을 정리해주며 가장 수고스러운 일들을 기꺼이 해준 공저자들에게 고마움을 전한다. 사칫 외롭고 지치기 쉬웠을 걸음걸음이 그들 덕에 기쁨의 여정이 되었다. 고마울 따름이다.
끝으로 전작《1인 회사 여성 편》에 이어 이번에도 흔쾌히 뜻을 모아주신 북포스 대표님께 감사드린다. 1인 지식기업가라는 테마 자체가 사회에서 꼭 필요로 하는 것인 만큼 편집인의 뜻을 걸고 끝까지 함께 가겠노라 말씀해주셨는데, 그런 응원과 격려의 말씀이 없었다면 이 책이 탄생하기 어려웠을지도 모르겠다. 또한, 나와 1인회사연구소에서 내놓은 그간의 작품들이 북포스에 모두 모여 둥지를 틀게 되었다. 이는 사회적 필요가 뭉쳐진 결과임과 동시에 작가로서 더할 나위 없는 영광이라 생각한다. 이 모든 것이 가능하게 해주신 북포스 대표님께 다시 한 번 마음 깊이 감사의 말씀을 전한다.

2016년 3월
수희향

나의 첫 책《1인 회사》는 내가 걸어온 1인 지식기업가의 길을 정형화하여 로드맵으로 그린 것이다. 이후 그 로드맵을 과연 범용화할 수 있는지 사례들을 통해 확인하고자 남성 편과 여성 편을 내놓았다. 그 인터뷰집들을 진행하던 때에는 청년 편까지 하게 되리라고는 생각하지 않았다. 당시만 해도 1인 지식기업가란 인생 2막을 시작하려는 이들에게 하나의 대안으로 제시되는 길이었기에 말이다.

하지만 2016년 새해, 우리는 모 대기업에서 입사한 지 몇 년 되지도 않은 젊은 세대에게조차 명퇴를 권고한다는 소식을 접했다. 이 일은 사회적으로 엄청난 충격과 놀라움을 안겼다. 그런 만큼 이제 대한민국 사회에서 1인 지식기업가의 길은 인생 2막에서의 대안이 아닌, 모든 세대가 살면서 한 번쯤은 거쳐 가야 하는 인생의 필수 여정으로 자리매김했다고 하겠다. 그에 따라 청년들 중에서도 이미 이 길을 가고 있는 이들이 있는지, 있다면 과연 그들은 어떤 길을 걷고 있는지가 몹시 궁금해졌다.

그런 한편으로, 청년들이 벌써 1인 지식기업가의 길을 걷고 있을지 의문스러웠고 적절한 인터뷰 사례들을 발굴할 수 있을지 염려스러웠다. 그런데 뚜껑을 열어보자 그건 이미 기성세대에 속한 나의 우려였음이 여실히 드러났다. 청년들 스스로 다양한 길을 통해 자기 밥벌이를 만들어가고 있었던 것이다. 그 길은 독특했고, 흥미로운 한편 마음 아팠다.

흥미로우면서도 아팠다고 말하는 이유는 이것이다. 청년들은 전작의 사례들과는 다른 그들만의 독특한 공통점을 가지고 있는데, 그중 대표적인 것이 '멘토가 없다'고 한목소리로 말하더라는 점이다. 멘토가 없다는 말은 그만큼 믿고 따를 만한 이 사회의 어른이 없다는 말이 아니겠는가.

그런가 하면 프리랜서의 길을 걷는 인터뷰이들 중에서는 대학을 자퇴했거나 자신의 기질에 맞는 꿈을 찾아 전공을 옮긴 경우도 있었다. 이는 대한민국 대학 교육이 이대로 유지될 수 있을지, 혹시 심각한 내적 붕괴의 조짐을 보여주는 건 아닌지 하는 생각을 하게 했다.

경제가 급성장하던 시기에는 '대학 졸업장=취업'이란 등식이 성립되기도 했다(사실 그 또한 어떤 면에서 학문의 상아탑이라는 대학이 존재해야 하는 근본 이유와는 거리가 멀었지만). 하지만 이제는 대학을 졸업하자마자 그 절반 이상이 바로 백수가 되고 마는 안타까운 현실에 직면해 있다. 이런 시점에서 청년들 스스로 향후 대학 교육이 가야 하는 길에 대해 나름의 답을 제시하기 시작했구나 하는 생각이 들었다.

끝으로, 청년들 중에는 인생 2막에서의 대안으로가 아니라 조직생활은 이미 미래가 없다는 판단 아래 스스로 조직의 울타리를 박차고 나온 창업가들도 있었다. 이들은 대학 등록금 정도의 비교적 적은 자본을 활용하여 독특한 아이디어로 자신들만의 틈새시장을 구축해나갔다. 여기서 기성세대 창업가들과는 극명한 차이를 볼 수 있다. 조직에서 한때 잘나갔던 차장, 부장님의 위세를 벗어 던지지 못해 틈새시장을 개척하기보다는 '억' 소리 나는 자본금으로 남들 보기에 좀 괜찮아 보이는 일을 찾던 기성세대 창업가들, 그러다 결국 닭집에 퇴직금 전부를 털어 넣는 이들을 얼마나 많이 보아왔나.

비단 한국뿐만이 아니라 전 세계가 저성장 기조에 들어선 21세기. 대규모 고용창출이 가능한 굴뚝산업의 재단생을 더는 기대하기 어려운 시대, 어쩌다 대기업이 신규 비즈니스 모델을 개척한다고 해도 그것이 곧 고용창출로 연결되기는 어려운 첨단기술 시대다. 이에 청년들은 윗세대와는 달리 사회 진출 초입부터 창직의 길로 나아갈 것을 강요받고 있다.

얼마 전까지만 해도 인류 문명 역사는 앞선 이들이 자신들이 살면서 경험한 것을 다음 세대에 넘겨주고, 다음 세대는 그것을 이어받아 거기서부터 성장하고 발전하는 흐름을 보였다. 하지만 안타깝게도 지금의 청년들은 이전 세대는 가보지 못한, 그래서 나침반도 지도도 남겨줄 수 없는 직업의 세계를 스스로 만들어내야 하는 상황에 처했다.

그들이 말했듯이 멘토도 없고 불 밝혀 길을 보여주는 이도 없는 1인 지식기업가의 길이지만, 자신들 나름대로 좌충우돌하며 걸어가고 있다(이 또한 나에겐 안쓰럽고 아프게 보이는데 그들 스스로는 재미있고 흥미롭다고 한다). 그들 아홉 명 열혈 청년의 창직 이야기를 지금부터 시작하고자 한다. 그들의 이야기가 혼란스러운 현실에서 작은 등불이 되어 또 다른 길을 밝혀주길 간절히 소망한다.

대표 저자
수희향

●

모든 꿈은 이루어진다.
그 꿈을 향할 용기만 가지고 있다면.

– 월트 디즈니

●

| 차 례 |

9장 몰입의 힘

강병진 | 선데이잼 대표

- 현재 프리랜서 성우
- 산업디자인, 멀티미디어디자인 전공
- 뮤지컬 〈그리스〉를 보고 성우를 꿈꾸기 시작
- 2009~2013 4년간 10번의 시도 끝에 EBS 공채에 합격
- 2015 EBS 방송국 전속기간 만료

1장

내적 울림의 힘

: 이민규(성우) :

뮤지컬에 공명하여
인생을 바꾸다

"유 아 디 원 댓 아이 원트~"

"우! 우! 우!"

"유 아 디 원 댓 아이 원트~"

"우! 우! 우!"

와, 이런 게 뮤지컬이었나! 이래서 사람들이 편안한 안방에서 드라마만 보는 것이 아니라 공연장까지 직접 와서 보는 걸까! 태어나 처음으로 뮤지컬을 보는데 가슴이 자꾸 방망이질을 한다. 그러면서 온몸에 소름이 끼친다. 그 순간에는 오직 뮤지컬에만 푹 빠져들었다. 정말이지 태어난 이후 그런 느낌은 처음이었다. 내 안 깊숙이에서 뭔가가 터져 나오는 것 같은 느낌이랄까.

그러나 그때까지만 해도 몰랐다. 이 한 편의 뮤지컬이 내 인생까지도 바꿔 놓을 거라고는. 그때는 마냥 좋았고, 마냥 빨려들어 가기만 했다. 마치 내면의 무언가가 뮤지컬에 공명하듯이….

"야 인마, 너 또 늦게 들어오냐? 도대체 토요일 밤마다 이 늦은 시간까지 어딜 그렇게 싸돌아다니는 거야? 쓸데없이 놀러 다니지 말고 일찍 일찍 좀 다녀. 일찍, 일찍!"

뮤지컬 〈그리스〉를 보며 내 안 깊숙이 묻어두었던 알 수 없는 열정이 터져 나온 뒤, 나의 일상은 이미 이전의 일상이 아니었다. 주체할 수 없는 열정에 어찌할 바를 몰라 하는 나를 보고, 누군가가 그렇다면 성우 공부를 해보면 어떻겠느냐고 한다. 지금 당장 뮤지컬 배우가 되긴 어렵겠지만, 목소리도 좋고 하니 목소리로 연기할 수 있는 성우에 도전해보는 것도 괜찮을 것 같다고. 귀가 번쩍 뜨이며, 현실에서의 가능성에 눈을 뜨는 순간이었다.

성우가 무얼 하는 건지 정확히 몰랐지만, 무조건 성우학원에 등록하고 공부를 시작했다. 정말이지 무조건이었다고밖에는 말할 수 없다.

하지만 난 주중에는 엄연히 출판사를 다니는 회사원이었기에 성우학원은 주말, 그것도 학원 시간에 맞추다 보니 토요일 밤에 다닐 수밖에 없었다. 학원이 보통 밤늦게 끝나고, 학원에서 집이 멀다 보니 토요일은 자정이 훌쩍 넘어 집에 들어가기 일쑤였다. 비교적 엄격하신 아버지는 다 큰 아들이지만, 토요일마다 늦는 것에 대해 친구들과 어울리다 늦는 줄 알고 나무라셨다. 그렇다고 아직 딱히 이렇다 할 결과물을 내지 못한 상태에서 아버지에게 이유를 설명하고 싶지는 않았다.

　그렇게 몇 년의 시간이 흐른 어느 날, 급기야 아버지는 암에 걸리셔서 시한부 선고를 받으셨다. 그때였다. 비로소 아버지에게 처음으로 내가 토요일 밤마다 무얼 하고 있는지를 말씀드린 것이.

　"아버지. 실은 저 지난 몇 년간 성우가 되려고 준비하는 중이었습니다…."

　내 이야기를 들은 아버지는 참 좋다고 하셨다. 내가 좋아하는 일을 찾고, 그 길을 향해 차곡차곡 실력을 쌓고 있어서. 그러나 아버지는 내가 성우가 되는 모습까지는 보지 못하고 가셨다. 2011년, 아들의 뒤를 늘 염려 반 믿음 반으로 받쳐주시던 아버님께서 가셨고, 그때가 내 삶에서 가장 힘들었던 시기였다. 그런 것 같다. 아들에게 아버지를 잃는다는 의미는….

　결국 난 가장 절박한 순간에 성우 시험에 합격하였고, 이젠 프리랜서 성우로서의 삶을 살아가고 있다. 뮤지컬 〈그리스〉가 내 안에 갇힌 열정의 문을 열어주었고, 나는 그 힘을 믿고 따라 걸었다. 그리하여 결국 4년의 세월 뒤 성우가 되었고, 그 순간 인생은 참 살 만하다는 것을 느꼈다. 내가 원하는 것을 목표로, 힘들고 어려운 순간도 많지만 스스로를 믿으며 포기하지 않고 걷는다면, 언젠가 인생은 내게도 문을 열어준다는 것. 그것은 내게 인생이 결코 쉽진 않지만 그럼에도 살 만한 것이기도 하다는 깨달음을 주었다. 그러니 어떤 일도 지레 포기해서는 안 된다. 그 어떤 일도 말이다.

목소리로 연기하는 배우, 성우

이민규 성우는 뮤지컬 〈그리스〉를 볼 때까지만 해도, 자신이 성우가 되어 연기를 하는 생을 살아갈 거라고는 상상도 하지 못했다고 한다. 전문대에서 산업디자인을 전공한 뒤 졸업한 그는, 전공과 어느 정도 연관이 있는 출판 계통에서 인쇄제작 일을 맡아 사회생활을 시작했다고 한다.

그때 느낌이 어땠는지를 물었다.

"그냥 그런 느낌이었어요. 소속감이 생기고, 4대 보험도 되고, 월급도 나오고. 거기다 회사 명함 있으니까 나도 이제 사회인이 되었구나… 하는 느낌이요. 그때 사회생활을 처음 시작한 거니까, 그 재미로 다녔지요.”

　한마디로 표현하자면, 자신의 뚜렷한 목표나 방향성이 있어서라기
보다는 군대까지 다녀와서 일이 필요했고, 무언가 일이 있다는 그 사
실이 좋았다는 의미였다. 어떤 의미에선, 딱 요즘 우리나라 청년들의
고민과도 맞닿아 있다는 생각이다.

　그렇다면 어릴 때부터 성우가 꿈이었던 경우가 아니었는데, 어떻
게 그처럼 다른 분야로의 전향을 결심하고 실행에 옮기게 되었을까?

　“정말이지 뮤지컬 한 편이 제 인생을 바꿔놓았어요. 제가 스물일곱
살 때 뮤지컬을 처음 봤거든요. 그런데 너무 좋아서 소름이 끼칠 정
도였어요. 뭐라고 말로 표현하기 어려울 정도로 온몸에 전율이 일었
다고 할까. 뭔가 제 안에서 터져 나오는 그런 느낌이었거든요.”

　우리나라 사람들 중에서 뮤지컬을 관람하는 인구가 적지 않을 터
인데, 한 편의 뮤지컬을 보고 내면의 울림이 일어 그 길을 걷기로 하
다니. 무용가로서는 상당히 늦은 열일곱 나이에 무용 공연을 보고 무
용가의 길을 걷기 시작한 마사 그레이엄이 떠오르는 순간이었다. 마
사 그레이엄의 이야기는 책에서 읽었는데, 막상 눈앞에서 비슷한 경
우를 만나게 되니 참 신기했다.

　그 정도로 강렬한 울림이었다면, 이민규 씨는 바로 직장을 그만두

고 성우 준비에 올인하였을까?

"반대였어요. 제 안의 울림이 강했던 만큼 오히려 직장을 그만두지 않고 차분히 준비했어요. 성우란 일이 하루아침에 될 수 있는 게 아닌데, 당장 일이 없으면 자칫 포기할 수도 있잖아요. 회사에 다니면서 우선 학원 등록부터 했죠. 그러면서 발음이나 발성 같은 기초부터 나중에는 연기나 더빙까지 하나씩 배워나갔는데, 그 자체가 정말 재미있었어요."

의외였다. 처음 인사 나눌 때부터 어딘가 나이에 비해 진중하고 성숙한 분위기를 자아내서 자유로운 직종에 비해 속이 꽉 찬 느낌을 받았는데, 역시 돌아오는 답도 그에 걸맞았다. 본인 말처럼, 이래서 성우가 될 수 있었나 싶다. 그렇다면 성우가 되기까지 시간이 얼마나 걸렸고, 그 시간을 어떻게 버텼을까? 직장과 병행하기가 결코 쉽지는 않았을 것 같은데….

"2009년에 시작해서 2013년 4월에 정식으로 성우가 되었으니까 4년 정도가 걸린 셈이죠. 그런데 그 기간을 버텼다기보다는 재미가 있었어요. 일단 현실적으로 일자리는 유지한 채 제 시간에는 학원을 다니며 공채에도 계속해서 응모했는데, 그 자체를 즐겼거든요. 처음에 시험 볼 때는 당연히 합격할 거라는 기대감 없이, 그냥 지난번 시험

때보다 조금이라도 나아진 것 같은 제 모습에 제가 기뻤어요. 빨리 결과를 보려고 안달했으면 오히려 더 쉽게 포기했을지도 모르죠."

한두 해 만에 전문 성우가 되는 건 쉽지 않을 거라는 점을 익히 알고, 초반부엔 비록 공채에선 떨어지더라도 그때마다 성장해가는 자신의 모습이 좋았다는 이민규 씨. 결과에 조급하기보다는 우선 먼저 자신 안에 실력을 쌓고, 그 실력이 쌓여가는 모습이 즐거웠다고 하니 이보다 더 좋은 방법이 있었을까 싶다.

생각이 여기까지 미쳤을 때 문득, 왜 꼭 시험을 봐야 했을까 궁금해졌다. 어차피 프리랜서로 활동할 거라면 애당초 프리랜서로 시작하는 게 더 편하지 않았을까?

"성우협회에 정식으로 성우로 등록하려면 일단 방송국 공채에 합격해서 2년간 전속으로 일을 해야 해요. 그런 후에 전속이 풀리면서 전문 성우로 협회에 등록이 되거든요."

성우라는 일이 원한다고 아무나 할 수 있는 일은 아니었다. 그렇다면 경쟁률도 꽤 높을 것 같은데?

"방송사마다 경쟁률이 달라요. 평균으로 보자면 보통 남자들의 경우는 700~900대 1, 여자들은 1,300~1,500대 1 정도예요."

세상에! 그러니 몇 년씩 걸리는 건 너무도 당연한 일이겠다. 도대체 방송국에서 얼마나 채용하길래 경쟁률이 그토록 높은 걸까?

"네 군데 방송국에서 공채를 뽑아요. KBS랑 대원방송은 1년에 한 번씩 연말에 뽑아요. 투니버스랑 EBS는 2년에 한 번씩 뽑고요. 예전엔 MBC에서도 뽑았는데 최근에 안 뽑더라고요. 그리고 KBS는 남녀 각각 여섯 명씩 뽑고, 투니버스는 세 명씩, EBS랑 대원방송은 각각 두 명씩 뽑죠. 저는 EBS에 붙었는데, 저 때는 남자 한 명에 여자 세 명이었어요."

우리나라에서 정식 성우가 된다는 것이 이토록 어려운 일인 줄 몰랐다. 그렇다면 이민규 씨는 몇 번의 시도 끝에 성우가 된 걸까?

"저는 4년 동안 10번 정도 시도했어요. 그 기간에 성우 준비에만 올인했던 적도 있고, 조금 느슨하게 준비할 때도 있고. 그렇지만 한 번도 그 끈을 완전히 놓은 적은 없었죠."

10번의 시도라…. 참 어지간한 의지와 자기확신이 아니고서는 쉽지 않았을 것 같다. 보장도 없는 그 길을 계속 걷는다는 게 말이다. 올인한 적도 있다고 하는데, 그럼 그해에 합격한 걸까?

"아니요. 2010년에 회사도 그만두고 올인했거든요. 그런데 그해 연말에 공채에서 떨어지니까 심한 좌절감을 느끼게 됐어요. 그래서 그때 다시 한 번 깨달았죠. 너무 조급하게 마음먹으면 안 되겠다고요. 그래서 한 걸음 떨어져서 다시 회사에 다니며 마음을 좀 편히 먹고 가기로 했죠. 그래서 오히려 포기하지 않을 수 있었어요."

2009년부터 성우학원에 다니기 시작하여 2013년 4월에 합격할 때까지 1년 정도는 공부에만 매달린 적도 있었지만, 나머지 3년간은 현업과 병행했다는 얘기다. 그럼으로써 오히려 지치지 않고 꿈을 이룰 수 있었다고 하는데, 무언가 나만의 전문 분야를 만들어야 하는 1인 지식기업가들에게 소중한 팁이 될 수 있으리라는 생각이 들었다. 급한 마음에 너무 단기간에 결과를 보려 하다간, 자칫 필살기가 무르익기 전 내가 먼저 나가떨어질 수도 있으니 말이다.

차근차근 준비한 만큼, 그의 공채합격이란 마지막 관문은 순탄했을 것도 같은데….

"그렇진 않았어요. 어떤 면에선 굉장히 절박해서 통과할 수 있었던 것 같다는 생각이 들기도 해요. 제가 2012년에 결혼을 했는데, 결혼하고 보니 기존에 하던 일로는 앞날이 좀 불안하더라고요. 그렇다고 성우가 꼭 된다는 보장은 없으니까 만약을 위해 기술을 배워둬야겠다 싶어서 건축설비 쪽으로 일을 옮겼어요. 그런데 여기가 새벽 5~6

시에 출근해서 밤 11시에 퇴근하는 그런 곳이었어요. 두 달을 그렇게 일하면서 딱 하루 쉬었고요. 그러다 EBS 공채 공지를 본 거예요. 이번엔 꼭 잡고 싶다는 느낌이 들었죠."

한 가정의 가장으로서 책임감은 이전보다 무거워졌는데 아직 성우의 길은 열리지 않고, 옮긴 직장은 이전보다 훨씬 더 업무 강도가 높다 보니 심적으로 몰리는 느낌이 들 수도 있었겠다 싶다.

"예전에도 공채를 볼 때 1차, 2차를 거쳐서 면접까지 간 적이 몇 번 있었거든요. 사실 이것 때문에 더 포기하지 못했던 것 같아요. 하나만 더 통과하면 되는 거잖아요. 도대체 면접을 통과하지 못했던 이유가 뭘까를 생각해봤는데, 예전에는 면접 볼 때 이 일이 아니면 안 된다는 그런 느낌까지는 전달하지 못했던 것 같아요. 하지만 이번에는 내가 얼마나 간절히 이 일을 원하는지 그 진정성이 통했다는 생각이 들어요. 절박함이 터져 나온 거죠"

어느 정도 실력을 쌓을 때까지는 현업을 병행하는 것이 필요한 일이었을지 모르지만, 마지막 관문을 통과하는 데는 그 안전망이 있다는 것 때문에 오히려 절박함이 덜했을지도 모르겠다. 그런 그에게 가장으로서의 책임감과 현실적 필요에 의해 옮겨간 생소한 건축설비쪽 일은, 자신이 가야 할 천직으로의 열망을 이전보다 훨씬 더 뚜렷하게 만들어주었던 것 같다. 그리고 이것이야말로 이민규 씨가 뮤지컬 〈그리스〉를 보며 처음 느꼈던 바로 그 느낌이 아니었을까 싶다. 모름지기 천직이란 시간을 들여 실력을 쌓되, 마지막 관문은 온 힘을 다해 뚫어내는 길이란 생각이 들었다.

그렇다면 아까와는 반대로, 이토록 어렵게 성우가 되었다면 프리랜서로 전향하지 않고 그냥 계속 한 방송국에서 전속으로 일하는 것이 더 낫지 않았을까? 그가 프리랜서로 전향한 계기는 무엇이었을까?

"아, 성우들은 2년 전속이 끝나면 성우협회에 정식으로 전문 성우로 등록되면서 무조건 프리랜서가 되는 거예요. 그때부턴 싫든 좋든 홀로서기를 해야 하는 거죠."

자유직종이어서일까. 성우가 되기까지도 경쟁이 치열하지만, 이후도 역시나 만만치 않다. 그렇다면 어렵사리 성우가 되고도 자기경쟁력을 갖춘 이들만 살아남을 수 있다는 이야기일 텐데?

"아무래도 그럴 수밖에 없죠. 누가 일감을 가져다주는 게 아니니까요. 그래서 전속기간 2년이 무척 중요해요. 그 기간에 현장 경험을 충분히 쌓아둬야 하거든요. 그때는 그래도 이런저런 일들이 많으니까요."

자신의 선택과는 별개로 2년이란 계약기간이 끝나면 프리랜서가 되는 것. 이것이 비단 성우의 세계에만 국한된 일은 아니란 생각이 들었다. 오히려 이런 자유직에서 먼저 무한경쟁 체제가 시작되고 있을 뿐.

프리랜서가 되어서 좋은 점도 있을까? 있다면 과연 무엇일까?

"아무래도 시간 활용이죠. 예전에는 어딘가에 묶여 있으니까 시간을 제 마음대로 활용하지 못한다는 제약이 있었죠. 그런데 이젠 들어오는 일에 따라 제가 시간을 조정하고 활용할 수 있잖아요. 아직은 프리랜서 경력이 짧아서 충분히 잘 활용한다는 생각은 들지 않지만, 몇 년 더 경력이 붙으면 이 시간을 잘 활용해서 지속적으로 성장해나가는 발판으로 삼을 수 있으리라 봅니다."

역시 무한경쟁의 치열함 속에서도 프리랜서의 백미는 자기 주체성 확보인 듯하다. 시간을 내 마음대로 활용할 수 있다는 것이야말로 현대인에게 꼭 필요한 주체성의 요소일 테니 말이다. 이미 나이답지 않게 꽉 찬 느낌을 주는 이민규 성우라면, 앞으로도 시간을 헛되이 쓰지 않고 잘 활용해갈 것이라는 느낌이 들었다. 그런 그에게 멘토가 있는지 궁금해졌다.

"지금까지 멘토는 없었던 것 같아요. 원래 성격이 누구한테 도움을 청하거나 어려움을 털어놓기보다는 혼자 생각하고, 혼자 결정하는 걸 좋아하는 편이거든요."

그만큼 자신의 삶에 대해 깊게 고민하며 단단히 자기 성장의 길을 걸어오고 있다는 의미겠다. 그런 그에게 '내 인생의 책'이 있느냐고 문자, 책보단 뮤지컬로 〈그리스〉를 꼽았다. 그 한 편의 뮤지컬로 인생행로가 크게 달라졌으니 그럴 것 같다는 생각이 들었다.

끝으로 일찌감치 프리랜서의 길을 걷고 있는 그가 이제 막 1인 지식 기업가의 길을 준비하는 인생 후배들에게는 어떤 말을 해주고 싶을까.

"이른 나이라 해도 만약 뭔가 하고 싶은 일이 생기면, 결과에 상관없이 꼭 해보았으면 합니다. '다른 사람들이 이렇게 사니까, 사회에서 이러라니까' 하는 생각에 하고 싶은 일을 시도도 하지 않는 건 바람직하지 않다고 봅니다. 결과에 상관없이, 시도라도 하면 최소한 나중에 후회는 하지 않거든요. '내 꿈이 내 길이다'라는 강한 자기확신이 있다면 그 길을 가는 여정 자체도 충분히 좋습니다."

자유직종의 프리랜서라고 해서 어딘가 화려하고 느슨하지 않을까 싶었던 것과는 달리 나이답지 않게 꽉 차게, 성숙한 느낌을 자아내는 이빈규 성우. 사유직종에서 경생력을 지니고 생존한다는 것은 조직에 오래 몸담은 이들보다 오히려 더 빨리 성숙하게 되는 길이 아닐까 생각하며 긴 인터뷰를 마쳤다.

1인 지식기업가로 가는
실행 로드맵 점검

▶ 로드맵 1: 꿈 혹은 천직을 찾았는가?

뮤지컬 〈그리스〉를 보면서 터져 나온 내면의 울림을 좇아 자신의 길을 걷기 시작한, 다소 특이한 경우라 할 수 있겠다. 더군다나 그때 스물일곱 살로 그다지 어린 나이가 아니었다는 점을 고려할 때, 스스로 이것이 자신의 길이라는 확신이 없었다면 계속해서 시도하기 어려웠을 거라는 생각이다.

▶ 로드맵 2: 그 일이 자신의 성격과 기질에 맞는지 충분히 검토했는가?

한 번의 강렬한 울림은 누구라도 경험할 수 있을 것이다. 그렇지만 그 경험 이후 4년간 때론 현업을 병행하기도 하고, 때론 일을 그만두고 올인해가면서 그 길을 계속 추구했다는 것은 본인의 말처럼 정말 하고 싶고 좋아하는 일이기에 가능했으리라 여겨진다. 4년이란 세월은 자신에게 맞는 길인지 어떤지를 검토하기에 충분한 시간이었다는 생각이다.

➡ 로드맵 3: 천직의 시장성을 검토했는가?

방송사마다 다르지만 보통 남자들의 경우 700~900대 1, 여자들의 경우 1,300~1,500대 1이란 경쟁률이 말해주듯이 최종 관문을 통과하기가 어려운 만큼 성우라는 타이틀 자체가 지니고 있는 시장성은 충분하다는 생각이다. 다만 2년의 전속기간이 끝나면 바로 프리랜서로 풀리는데 이때부턴 전문 성우들 간의 치열한 경쟁체제에 놓인다. 이 점이 성우가 된 이후에는 '개인의 능력=시장성'이라는 새로운 도전사항을 불러일으키는 듯하다. 그리고 바로 그 점이 진정한 1인 지식기업가의 영역이란 생각이 들었다.

➡ 로드맵 4: 천직이 필살기 수준까지 도달하도록 수련했는가?

처음에는 공채에 떨어져도 지난번보다 조금씩 성장하는 내 모습을 보는 것만으로도 기뻤다고 말할 만큼, 스스로 생각하기에 준비가 되었다고 여길 때까지는 무엇보다 실력 기르기에 집중한 경우라 할 수 있겠다. 마지막 단계에선 모든 공채에서 면접까지 갔었고, 평균 900대 1의 경쟁을 뚫고 합격한 단한 명의 남자 성우였다는 것만으로도 필살기 입증은 충분할 듯하다.

➡ 로드맵 5: 최소한의 생존경비는 확보하고 시작했는가?

최소한의 생존경비를 현금으로 확보하기보다는 현업을 계속해서 유지하면서 자신이 가고자 하는 길을 위해 실력을 쌓으며 준비했다. 즉, 처음부터 자신의 꿈과 현업을 병행하면서 단기적으로 조급해하기보다는 장기적으로 철저히 준비하며 꿈을 성취한 경우다.

➡ 로드맵 6: 초기 수입의 다각화를 모색했는가?

2년 전속이 풀리면서 프리랜서 성우가 된다는 그 자체로 수입의 다각화가 발생한다. 영화나 애니메이션을 비롯한 영상물에서 내레이션, 더빙 등 다양한 분야의 일을 함으로써 현장에서 실력을 쌓으며 자연스레 수입의 다각화가 이루어지고 있다.

➡ 로드맵 7: 멘토가 있었는가?

어릴 때부터 모든 걸 혼자 고민하고 혼자 해결하는 성격이었다고 한다. 그런 만큼 성우의 길을 준비할 때도 특별히 어느 특정 인물을 멘토로 두진 않았고, 자기확신의 힘을 믿었다고 한다.

➡ 로드맵 8: 1인 지식기업가 초창기, 나보다 큰 커뮤니티에서 채널 마케팅을 시작했는가?

프리랜서 성우가 된 이후 자신을 얼마만큼 홍보하느냐는 질문에 돌아온 답변은 "거의 하지 않는다"였다. 이유가 무엇이냐고 묻자 "아직 실력이 충분하지 않다고 생각하기 때문"이라고 했다.

1인회사연구소를 운영하며 느끼는 점들 중 하나가 1인 지식기업가의 구성 요건 중 마케팅은 비교적 초창기에는 고려대상이 아니라는 점이다. 왜냐하면 우선은 나만의 콘텐츠가 필살기 수준에 도달하는 것이 무엇보다 중요하고, 마케팅은 전적으로 나의 콘텐츠가 필살기 수준에 도달한 뒤의 일이기 때문이다. 이민규 성우의 경우가 딱 들어맞는 예라 하겠다. 전문 성우가 되었음에도 성급히 자신을 드러내기보다는 아직도 굉장히 진중한 길을 걷고 있다는 인상을 받았다. 그리고 이런 면모가 그에게 장기적으로도 자신의 브랜드를 탄탄히 쌓아나가는 길을 만들어줄 것 같았다. 무릇 1인 지식기업가의 길이란 단기에 끝낼 일이 아니기에 말이다.

➡ 로드맵 9: 개인 마케팅의 정점인 책 쓰기를 시도했는가?

인터뷰조차 지인의 소개가 아니었다면 쉽게 응하지 않았을 것 같은 겸손함 혹은 진중함이 몸에 밴 듯한 느낌을 받았다. 이민규 성우가 거쳐온 길이 성우 혹은 기타 프리랜서 직종을 가고자 하는 후배들 대개가 거쳐야 하는 과정인 만큼, 그의 이야기가 이 책을 통해 하나의 이정표로 다가가길 바라는 마음 간절하다.

- 현재 쥬디앤폴 대표
- 2009년 서울대 경제학과 졸업
- 2009~2010년 Booz&Co. 경영전략 컨설턴트
- 2010~2012년 효성중공업 해외영업 매니저
- 2012년 제이케이 인터내셔널 설립
- 2012년 글로벌 쥬얼리 브랜드 '쥬디앤폴' 런칭
- 2015년 (주)브랜뉴컴퍼니 설립
- 2015년 YTN 〈청년창업 런웨이〉 출연

– www.jnpshop.com
– www.judyandpaul.co.kr

2장

절제의 힘

: 김지원(쥬디앤폴 대표) :

화려한 스펙을 뒤로하고
구슬 꿰기에 **도전하다**

'구슬 하나, 구슬 두울, 구슬 세엣⋯. 에고, 꿰도 꿰도 예쁘게 되질 않네. 이

건 뭐, 인내력 테스트도 아니고. 도대체 이 짓을 언제까지 해야 하는 걸까.'

　2013년 겨울. 유난히 해가 짧았던 그 겨울날 나는 끝도 안 보이는 구슬 꿰

기를 하고 있었다. 과연 이 끝에서 세상을 향한 나의 문이 열릴지 어떨지도

모르는 채 그렇게.

　찰칵, 찰칵, 찰칵.

　벌써 10시간째. 아침부터 밤까지 온종일 사진을 찍어보지만 영 마음에 드

는 게 없다. 남들이 찍은 사진을 볼 때 저 정도는 나도 찍을 수 있다고 생각했

는데, 막상 찍어보니 잘 되지 않는다. 사실 내가 전문 사진작가도 아니고, 더

군다나 쥬얼리 사진은 상업사진 중에서도 빛의 반사나 색깔 살리기가 가장

어렵다고 하니 말이다. 하지만 아직 직원을 고용할 처지가 못 되다 보니 이

모든 일을 나 혼자 해야 한다. 그래서 구슬 꿰고 사진 찍는 데 하루를 다 보

내기가 다반사다.

"감사합니다! 내일 뵙겠습니다."

동대문시장에서 주말 알바를 마치고 나오면 새벽 6시다. 저녁 6시부터 새벽 6시까지 꼬박 12시간이 걸리는 알바. 주말만 하는 것이긴 하지만, 도매시장 알바는 지금까지 해본 일 중에서 가장 힘든 것 같다. 혹독하게 트레이닝 받으며 일하기로 유명했던 경영컨설팅회사에서보다, 무섭고 낯선 인도 땅에 가서 중장비를 팔아야 했던 대기업 해외영업 시절 때보다 동대문 도매시장 알바가 제일 힘든 것 같다.

그러나 나만의 쥬얼리회사를 만들어가는 데 꼭 필요한 파트너들이 바로 도매시장 상인들이다. 회사 밖 파트너들인 그분들이 일하는 모습, 일이 어떻게 흘러가는지 어디서 막히는지 등을 파악하지 못하고선 내 회사의 미래도 없다. 그리고 그런 속살을 엿보기엔 도매시장 알바가 제일이다. 가장 바닥에서 일할 때, 그때 비로소 그곳의 적나라한 모습을 배울 수 있으니 말이다.

구슬 하나, 구슬 두울, 구슬 세엣.

오늘도 난 구슬 꿰기에 여념이 없다. 정부지원금을 받아 처음 백화점 문화센터에 쥬얼리 만들기 강좌를 들으러 갔을 때, 강사님은 내게 눈길도 주지 않으셨다. 어느 정도 경험이 있고 의욕에 불타던 다른 수강생들에 비해 완전

생초보였던 나는 아무래도 중급반으로 올라갈 것 같지 않아서였나 보다. 하지만 쥬얼리회사를 차리려는 사람이면 응당 스스로 쥬얼리 만드는 법을 알고 있어야 한다고 생각했고, 사실 완성품을 볼 때는 내가 만들면 그보다 더 예쁘게 만들 수 있으리라는 자신감도 있었다. 하지만 역시나 현실은 현실. 막상 배우기를 시작해보니 그게 그리 간단한 일만이 아니라는 걸 이내 알게 됐다.

하지만 난 버텼고, 결국 해냈다. 누구보다 열심히 출석했고, 몇 달 만에 내가 봐도 꽤 그럴싸한 쥬얼리를 만들 수 있게 됐다. 드디어 구슬을 꿰어 나만의 보석을 만든 것이다. 쥬디앤폴이 탄생하는 순간이었다.

서울대 출신의
동대문 알바 사장

김지원 씨는 서울대 경제학과 출신이다. 거기다 경영컨설턴트를 거쳐 대기업 해외영업을 담당하기도 했다. 여기까지 듣고 '이 사람이 왜 창업을 했을까?'라는 생각이 드는 건 역시나 내가 아직은 청년들의 창직, 창업을 향한 마인드를 다 이해하지 못하고 있다는 방증이리라. 솔직히 그랬다. 맨 처음 1인 지식기업가의 길에 관해 이야기할 때만 해도 청년보다는 중장년층의 인생 2막 문제에 더 포커스를 맞춘 것이 사실이었다. 그러다 현재 청년들은 인생 1막의 룰조차 이전 세대와는 다르다는 것을 알게 됐고, 서울대 경제학과를 나와 대기업을 다니다 스스로 걸어 나와 창업을 한 청년 인터뷰이를 만나면서 앞선 세대와는 확연히 다른 그들만의 세상이 확실히 보이기 시작했다. 창직과 창업, 1인 지식기업가의 길이란 청년들에겐 더는 대안이 아니라 자기 선택의 길이기도 했다. 최소한 김지원 씨에겐 그러했다.

그런 만큼 '왜?'라는 질문을 가장 먼저 던지게 됐다. 또래들은 취업을 못 해서 3포 세대니 5포 세대니 하고 불리는 이즈음, 어째서 김지원 씨는 자기 발로 대기업을 박차고 나와 창업의 길을 걷기 시작했을까?

"제가 원래 대학 때부터 창업을 꿈꿨어요."

어라, 시작부터 의외다. 요즘 대학생들은 대학 때부터 창업을 꿈꾸나?

"아니요. 그게 그렇게 대세는 아닌데 제가 좀 그랬어요. 제가 원래 좀 자유분방한 편인데, 운 좋게 대학 다닐 때 동아리 활동도 많이 하고 해외여행도 많이 할 수 있었거든요. 그중에서도 서울대 투자연구회라는 동아리가 있었는데, 여기 모이시는 분들은 엄청나게 진취적이고 미래지향적인 데다 비즈니스 감각까지 있는 분들이셨어요. 우연히 가입한 동아리였는데, 거기서 비즈니스에 눈을 뜨게 된 거죠. 그것이 해외 경험과 맞물려서 한국적인 것 중 글로벌하면서 창조적인 무언가를 생산해내는 일을 하면 좋겠다, 하지만 언제가 될지는 모르겠다고 윤곽만 잡은 정도였어요. 제가 경제학과를 나왔는데, 대개 경제학과 출신들이 행시나 사시를 준비하잖아요? 그런데 그쪽 계통으로 가서는 뭔가 제 마음대로 글로벌한 걸 만들어낼 수는 없을 거라 생각했어요."

그러니까 김지원 씨는 대학교 때부터 다양한 동아리 활동과 해외 경험을 통해 자신이 어떤 사람인지, 무엇을 원하는 사람인지에 대한 방향성을 잡은 것이다. 그렇다고 졸업 후 바로 창업은 아니었던 것 같은데?

"맞아요. 일단 투자연구회라는 동아리에서 경영학과 출신들이 가장 많이 진출하는 분야가 투자회사를 포함한 금융권이나 경영컨설팅 회사라는 걸 알았어요. 그래서 저도 경영컨설팅회사에 RA(research assistant)로 지원했는데 운 좋게 붙었어요. 그리고 2009년에는 컨설팅 회사에서 정식으로 컨설턴트로서 1년간 일했어요. 인턴으로 일할 때도 그렇고 컨설턴트로 일할 때도 그렇고, 운 좋게 사수분들을 잘 만나서 얼마나 많은 실전 공부를 할 수 있었는지 몰라요. 어쩌면 현실의 비즈니스 세계에 대한 본격적인 공부를 한 기간이었다는 생각이에요. 정말 운이 좋았어요."

김지원 씨는 계속해서 자신이 운이 좋았다고 강조하지만, 인턴이 만든 보고서가 그룹 회장까지 올라갈 정도가 되려면 그만큼 자신도 치열하게 노력했을 터이다. 그게 어떻게 운이 좋아서일 수 있느냐고 하는 말에, 원래 호기심이 많은 편인데 그때는 하나하나 배우는 것마다 너무 재미있어서 힘든 줄도 모르고 일에 몰두했다고 답한다. 아무래도 일에 대한 몰입도가 예사롭지 않다는 느낌이 들었다. 그런 그녀가 이번엔 컨설턴트에서 대기업 해외영업 매니저로 다시 한 번 변신한다. 그것도 인도 시장에 중장비를 판매하는 일이라니 야리야리한 동양미인 이미지인 그녀를 보며 매치가 잘 안 되기도 했다.

"사실 제가 진짜 해보고 싶었던 건 중국 시장에서의 영업이었어요. 어릴 때부터 이상하게 전 중국에 관심이 많았거든요. 근데 막상 입사하고 보니 중국 시장은 현지법인이 다 알아서 하기 때문에 한국에서 특별히 영업직이 파견될 필요가 없다고 하더라고요. 갈 수 있는 곳이 두 군데였어요. 일하긴 편하지만 뚫고 들어가긴 어려운 유럽이랑, 환경은 열악하지만 판로개척에 가능성이 큰 인도였죠. 그중에서 전 인도를 선택했어요. 유럽 시장은 환경은 좋지만 해외영업을 배우기에는 인도가 더 적합하리라고 봤거든요."

그래도 그렇지 야리야리한 20대 아가씨가 인도에 중장비를 팔러 가다니. 참으로 대단하다는 생각이 들었다. 역시 사업가들은 그 기질부터가 남다르다는 생각 말이다. 투자연구회 동아리 활동을 통한 실험과 경영컨설턴트와 해외영업까지 거친 그녀는 바야흐로 자신의 오랜 꿈이었던 창업의 길로 들어섰다. 그녀는 과연 어디서, 어떻게 시작했을까?

"e-Bay에 집에 있는 중고제품 올리는 것부터 시작했어요."

그녀의 드높은 스펙과 화려한 경력에 빠져 들다 말고, 갑자기 김이 빠지는 것 같다. 그녀라면 좀 더 화려하게 시작해야 하는 거 아닐까?

"워낙 제 스타일 자체가 모르는 일에 뛰어들지는 않아요. 이것저것 저 스스로 경험하면서 확신이 들 때까지 기다리는 편이에요. 사실 처음에는 중국의 온라인 시장에 들어가려 했는데, 알아보니까 아무래도 저 같은 초짜가 들어가긴 어렵겠더라고요. 그래서 e-Bay 교육을 듣고, 이런저런 아이템을 올리면서 외국 시장의 반응을 보기 시작했어요. 아프리카며 브라질까지 50개국 정도에 물건을 팔아봤어요."

50개국이라! 그럼 배송료가 만만치 않았을 텐데, 이게 수지타산이 맞는 일이었을까?

"아, 배송료는 우체국 택배를 이용하면 개당 2,000원이면 돼요. 그것도 처음엔 제가 부담하다 차차 구매자한테 부담시켰어요. 큰 수익을 올리지는 않았지만, 그렇다고 계속 적자를 보지도 않았어요."

해외까지 우체국을 이용해 배송하면 2,000원이라. 이건 나도 몰랐던 사실이다. 그렇다면 아이템은 어떻게 해서 쥬얼리로 정해졌을까?

"처음엔 옷도 올려보고 모자도 올려보고 했는데 사이즈가 문제가 되더라고요. 외국인들 가운데는 정말이지 저희가 상상할 수 없는 사이즈의 수요가 있어서 일일이 맞춰주기가 참 힘들었어요. 그러다 양말을 올려봤는데 뜻밖에 반응이 좋고 판매하기도 편했어요. 다만 한 가지 문제가 양말은 아무리 예쁘고 좋아도 고가 판매가 불가능하다는 점이었어요. 그러다 보니 무게가 적어야 하고, 부피도 작아야 하고, 포장하기 편해야 하고 등으로 아이템들이 점점 좁혀지더라고요. 그러던 어느 날 쥬얼리를 만나게 되면서 이거다 싶었죠. 쥬얼리는 심지어 재료에 따라 고가 판매도 가능하잖아요."

글로벌 시장으로 무언가 창의적이고 한국적인 것을 판매하고 싶었던 김지원 대표. 처음부터 하나의 아이템을 정해 시장을 공략한 것이 아니라 e-Bay라는 플랫폼을 활용해서 이것저것 아이템을 시도해보며 철저히 시장 반응, 즉 고객 니즈부터 파악해 자신의 창업 아이템을 잡아챘다. 소자본 청년 창업가들은 한 번쯤 시도해볼 만한 전략이란 생각이 들었다. 특히 자신이 어떤 아이템을 좋아하고 관심이 있는지, 혹은 어떤 시장을 더 깊게 파고들고 싶은지 등에 아직 뚜렷한 방향성이 정해져 있지 않다면 더욱더.

그렇게 화려한 스펙과 경력을 뒤로하고 스스로 창업 시장에 뛰어든 김 대표가 2012년 첫해에 올린 매출은 과연 얼마였을까?

"월 100~200 정도였어요."

'매출=수익'이 아니니만큼 순간 머릿속에서 많은 질문이 떠오른다. e-Bay로 판매하니 가게는 없었겠지? 그럼 가게세는 안 나갔을 테고. 그때까진 직원도 없었겠지? 그럼 인건비도 안 나갔을 테고. 그래도 최소 재료비는 나갔겠지? 그럼 재료비 뺀 수익률은 어느 정도였을까?

"쥬얼리 시장이 원래 재료 대비 가격대가 천차만별이라 일정하게 수익률을 따지기가 너무 어려워요. 그래도 굳이 수치화하자면 10~60% 선이에요."

그럼 매출 200만 원을 기준으로 생각할 때, 월 20~120만 원의 수입이란 의미겠다. 그녀의 예전 월급보다는 매우 낮았을 것 같고, 또 래들의 아르바이트 비용과 비교해도 아직까진 높은 금액은 아니다. 거기다 매출이 200만 원이 안 되는 달도 있었을 테니, 사업 1년 차는 쉽지 않았을 듯하다. 김 대표는 이 기간을 어떻게 버텨냈을까?

"저는 2012년 창업 1년 차에 강남청년창업센터 챌린지1000 프로젝트 4기였어요. 거기서 사무실도 내주시고, 무엇보다 지원금이 나오거든요. 그걸로 아끼고 또 아끼며 살았어요. 아직 배울 것은 많은데 갈 길은 멀고, 총알은 점점 떨어져 가니 계속 아끼면서 살아야 한다 이런 마인드였어요."

그럼 창업 2년 차인 2013년에는 매출 신장에 집중했을까?

"아니요. 무리수를 두다 아예 주저앉아버리는 분들을 주변에서 꽤 봤거든요. 쥬얼리로 방향은 잡았지만, 막상 아이템을 정하고 보니 제가 쥬얼리에 대해 아는 것이 하나도 없는 거예요. 어떤 면에서 저 자신이 새로운 길을 가는 데 1만 시간은 당연히 필요하다는 생각을 하고 있었어요. 그래서 2013년에도 어떻게 더 팔 수 있을까를 고민하기보다는 어떻게 쥬얼리와 쥬얼리 시장을 더 이해할 수 있을까를 공부했어요."

그러다 보니 2012년 강남청년창업센터에서 받은 지원금으로 카메라 등의 장비를 구매하고 쥬얼리 제작 공부는 할 수 있었지만, 결국 통장에 딱 20만 원이 남는 날이 오고야 말았다고 한다. 지원금도 있고, 적긴 하지만 일정 부분 매출도 있는데 왜 이렇게까지 은행 잔액이 바닥이 났을까?

"하나의 쥬얼리를 만들기 위해선 다양한 구슬이 필요한데, 이걸 낱개나 소매로는 판매하지 않는 거예요. 작품 하나를 만들기 위해서 어떨 때는 구슬 1,000개 단위로 구매해야 하기도 하는데, 아무리 반응이 좋아도 일정 부분 재고는 계속 쌓일 수밖에 없어요. 그러다 보니 1, 2년 차에는 이것저것 자꾸 만들어봐야 하니까 매출 대비 수익률이 현저히 떨어질 수밖에 없고요."

들고 보니 당연히 그럴 것 같다는 생각이 든다. 그렇다면 김 대표는 이 시기를 어떻게 헤쳐나갔을까?

"처음엔 은행에서 대출을 받으려 했어요. 대출받을 생각을 한 번도 안 했는데 이때 처음 시도해봤어요. 그런데 안 된다고 하더라고요. 그다음이 정부에서 청년 창업가들 대상으로 대출해주는 게 있는데, 시기가 겨울이다 보니까 이미 다 소진됐더라고요. 이때가 가장 힘들었어요. 근데 그때 대학 선배 중 창업한 한 선배가 말해주길, 창업가들 전부 언젠가 한 번은 지금의 저처럼 '죽음의 계곡'을 지난다는 거예요. 돈은 떨어져 가고, 지금 자신이 가고 있는 길이 맞는지 어떤지 잘 모르겠는데 밑바닥 일은 하나에서 열까지 혼자 다 해야 하고,

근데 이걸 잘 견뎌내는 사람은 살아남고, 여기서 무너지면 끝이라고요. 그리고 잘 견뎌서 비즈니스가 살아남으면, 이 모든 경험이 밑거름이 되는 거라고요. 사실 돈이라는 건 100~200만 원만 있어도 버틸 수 있는 거니까 어떻게든 구할 수 있는데 정작 힘들었던 건 마음이었어요. 그때는 신앙이나 주변의 좋은 분들의 격려가 많은 힘이 됐어요."

죽음의 계곡이라…. 모름지기 자신의 인생을 주체적으로 바꾸고 싶어 하는 사람들은 마냥 수직선을 그리며 치고 올라가기만 하는 것이 아니라 한 번은 바닥을 쳐야 올라올 수 있는 사이클을 그리는 것 같다. 그리고 그 여정은 청년 창업가에게도 예외는 아닌 듯하다.

그렇게 창업 1~2년 차까지 매월 100~200에 머물던 매출은 2013년에 창업 3년 차가 되면서 300~400으로 뛰어오른다. 수치만 놓고 보면 큰 매출이라고는 할 수 없지만, 성장률로 놓고 보면 배 이상이다. 그사이 무슨 일이 있었던 걸까.

"엣시닷컴(Etsy.com)이라고 전 세계 디자이너 마켓으로 판매 루트를 확장했고, 간간이 도매 판매가 이루어졌어요. 도매 건은 아무래도 소매 건보다 한 번에 70~100만 원 정도 목돈이 들어오거든요. 자주는 아니어도 가끔 매출이 오르는 데 도움이 됐어요."

다시 말해 창업 3년 정도부터는 판매망이 확장됐다는 의미겠다. 그렇다면 2015년 상반기 월매출 1,000만 원은 어떻게 가능했던 걸까.

"실은 2014년 초부터 브랜딩에 대해서 생각하기 시작했어요. 그때까진 쥬얼리를 어떻게 제작하고, 고객들은 어떤 제품을 선호하는지 등 제품 제작과 시장 파악 등에 집중했어요. 그런데 3년 차가 되니까 비로소 이제 시장에 정식으로 나갈 준비가 됐다는 느낌이 들더군요. 그러면서 청년창업센터에서 연계된 분들에게 브랜딩 컨설팅도 받고, MD 미팅도 소개받으며 백화점에서 1주일 정도 팝업 판매 등의 국내 판로 개척을 시작했는데 여기에서 반응이 기대 이상이었어요. 팝업 판매는 반응이 좋으면 1주일에 1,000만 원 매출도 가능하거든요."

쥬얼리 제작과 시장 파악에 약 3년간을 집중적으로 투자한 뒤, 때가 되자 서서히 판매망을 확장해나간 전략이었다. 참으로 대단하다는 생각이 들었는데, 창업가들이 대개 처음부터 매출 증대에 조바심을 내는 데 비해 김 대표는 초창기 2~3년을 철저히 내실 다지기에 집중했다는 점에서다. 김 대표 역시 매출 성장에의 목마름이 있었을 텐데 어떻게 절제할 수 있었을까?

"대개 창업 후 성공률이 5% 미만이라고들 하잖아요. 저는 나름대로 그 이유가 뭘까를 고민해봤어요. 그 결과 새로운 한 분야를 일궈

내기 위해선 1만 시간은 필요할 것 같은데, 그 1만 시간이 그냥 1만 시간이 아니라 '양질의 1만 시간'이어야 한다는 결론에 이르렀어요. 그러니까 100명 중 살아남는 5명 내외 사람들은 초반에 엄청나게 집중해서 눈을 뭉쳤으리라 생각해요. 사람이 다 그렇잖아요. 처음엔 다 잘될 것 같아서 뛰어들지만, 하다 보면 이런저런 의심도 들고, 조바심도 나고. 그러다 보면 어영부영 시간은 흘러가는데 사실 뒤를 돌아보면 제대로 한 건 없고. 저는 최소한 그런 1만 시간은 보내지 말아야 한다고 다짐했어요. 그래서 초반에는 내실 다지기와 성장이라는 두 선택지에서 내실 다지기를 선택했고, 2015년 들어 비로소 매출 성장을 시도했어요."

야무지다. 아직 청년이지만, 어떤 중년 창업가들보다 야무지고 단단하다. 그런 그녀의 이후 사업 전략은 무엇일까? 이대로 계속 국내 오프라인 시장에 집중하여 매출 신장을 꾀하는 걸까?

"아니요. 가능한 한 팝업 시장에는 너무 많이 참여하지 않으려 해요. 대신 다시 얼마간 준비해서 본격적으로 국내 온라인 시장을 개척하려고요."

일주일 만에 1,000만 원씩도 벌 수 있는 팝업 시장을 가능한 한 참여하지 않겠다니? 얼핏 이해하기 어려웠다.

"팝업 장사로는 돈은 벌 수 있지만, 장기적인 안목으로 볼 때 브랜딩 구축에는 그다지 도움이 되질 않아요. 고객들과 장기적으로 꾸준히 만나야 하는데 팝업 시장으론 그럴 수가 없잖아요."

역시 컨설턴트 출신이어서 그런지 장기적인 안목으로 비즈니스를 구상하고 있다. 그렇다면 국내 판로 중 온라인을 선택한 것에도 그만한 이유가 있지 않을까?

"보석이 아니라 쥬얼리이기 때문에 역시 오프라인은 부담이 커서요. 백화점 팝업 정도면 모를까, 일반 상점에서 연중 높은 매출을 올리기는 쉽지 않거든요. 해서 저희는 고정비용을 고려해서 국내 역시 온라인 진출로 방향을 잡았어요. 그렇게 하면 저희가 지난 3년간 해외 온라인 시장에서 터득한 노하우도 분명 도움이 될 거고요."

참으로 빈틈없는 사업가다운 김 대표. 그녀에게 멘토는 과연 누구였을까?

"멘토라 하면 가장 어려울 땐 신앙 그 자체였기도 했고, 그런가 하면 분야별로 매우 좋은 분들을 많이 만났어요. 지금 생각해보면 그분들 모두가 제 멘토가 아니었을까 싶어요."

딱히 한 사람 존경하는 멘토가 있기보다는 운이 좋아서였는지 좋은 분들을 많이 만났다는 김 대표. 그런 그녀가 사회 초년생 후배들에게 해주고 싶은 말은 무엇일까?

"첫 번째가 즐겨라, 두 번째가 버텨라예요. 사실 회사를 처음 나왔을 때는 제게 주어진 자유가 마냥 좋았어요. 하지만 창업을 하고 직원들이 생기면서부터는 오히려 책임감을 더 크게 느껴요. 그럼에도 비즈니스를 계속할 수 있는 이유는 제가 이 일을 즐기기 때문이겠지요. 늘 즐겁기만 한 게 아니라 가끔은 버텨야 하는 순간들도 있지만요."

1985년생 청년 창업가라고 하기에는 너무도 철저하고 어른스럽다는 생각이 드는 김 대표. 어지간한 중년 창업가보다 훨씬 더 자신의 상황을 절제하며 즐김과 버팀의 줄타기를 해나가고 있다. 그런 그녀이기에 시간이 갈수록 더욱 멋진 사업가로 거듭날 것을 굳게 믿는다.

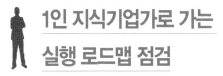

1인 지식기업가로 가는
실행 로드맵 점검

▶ 로드맵 1: 꿈 혹은 천직을 찾았는가?

경제학과 재학 시절부터 창업이 꿈이었다고 한다. 그리고 경영학과생들과

함께한 동아리 활동을 통해 사업에 눈을 뜨게 됐다니 분명 자신의 꿈을 찾은

듯하다.

▶ 로드맵 2: 그 일이 자신의 성격과 기질에 맞는지 충분히 검토했는가?

언젠가는 창업을 하겠다는 생각으로 경영컨설팅 일과 해외영업까지 자처했

으니 검토하고 준비한 시간은 충분했다는 생각이다. 정말이지 김 대표의 경

우는 타고난 사업가라는 생각이 들 정도였다.

➡ 로드맵 3: 천직의 시장성을 검토했는가?

창업 전체를 놓고 본다면, 창업해서 성공할 가능성은 3~5%다. 쥬얼리 시장 역시 워낙 경쟁이 심한 곳이니 이 통계치를 웃돌지는 않을 것이다. 그런 만큼 그녀는 바로 시장에 뛰어들지 않고 약 2년간의 저매출 기간을 버티며 시장을 파악하는 데 집중했다. 그리고 이 기간이야말로 4년 차부터 월매출 1,000만 원을 기록하는 데 힘이 되었다.

➡ 로드맵 4: 천직이 필살기 수준까지 도달하도록 수련했는가?

사업이 필살기 수준에 도달하도록 하기 위해 대학교 때부터 동아리 활동을 거쳐 훗날 직업 선택은 물론이고, 쥬얼리 시장에 뛰어들어선 동대문시장 아르바이트부터 쥬얼리 제작, 상업사진 촬영 및 홈페이지 만들기까지 최선을 다했다. 김 대표는 모든 기초적인 일을 자신이 먼저 습득하고 이해하지 않고 서는 절대 그다음 진도를 나가지 않는 혹독한 노력을 보여주었다.

➡ 로드맵 5: 최소한의 생존경비는 확보하고 시작했는가?

쥬얼리 시장에 뛰어드는 데 초기 자본금은 보통 얼마 정도냐는 질문에 김 대표는 최소 500만 원에서 최대 2,000만 원 정도면 충분히 시작할 수 있다고 한다. 오히려 자금이 많으면 많을수록 재료를 계획성 없이 구매할 수 있으므로 자본금이 많은 것이 꼭 장점만은 아닐 수도 있다고 한다.

한편, 자기자본 외에도 서울시 청년창업센터 같은 곳에서 지원금을 받을 수 있다고 한다. 사업에 대한 확실한 구상과 의지만 있다면 이런 지원을 통해 최소 500만 원 정도로도 충분히 시작할 수 있다고 귀띔해준다.

➤ 로드맵 6: 초기 수입의 다각화를 모색했는가?

김 대표는 초기에는 오히려 스스로 절제했다. 대신 지출을 최대한 줄이고, 초기에는 오로지 필살기 수련, 즉 작품 제작과 시장 파악에만 집중했다. 반면, 3년 차가 넘어가면서는 온라인 판매와 도매 판매 및 팝업 시장 등으로 적극 진출함으로써 매출의 다각화를 시도했다.

➤ 로드맵 7: 멘토가 있었는가?

가장 힘든 시기는 신앙의 힘으로 버티고, 다양한 분야에서 좋은 분들을 만났다는 김 대표 역시 딱히 한 사람의 존경하는 멘토를 꼽지는 않았다.

➤ 로드맵 8: 1인 지식기업가 초창기, 나보다 큰 커뮤니티에서 채널 마케팅을 시작했는가?

처음에는 강남청년창업센터 챌린지1000 프로젝트 4기로, 추후에는 용산 청년창업플러스센터 등에 몸담으면서 마케팅을 했다기보다는 다양한 분야의 전문가들로부터 인정받으며 자연스레 네트워킹 마케팅으로 확장된 경우다.

▶ 로드맵 9: 개인 마케팅의 정점인 책 쓰기를 시도했는가?

아직 그 자신 스스로 시도해본 적은 없으나, 그녀의 이야기만 별도로 한 권의

책이 나와도 부족함이 없을 것 같다는 생각이 들었다.

- 현재 솔라플러스 대표
- 2010년 Suda&C 창업
- 2011년 지속가능발전경영센터 연구원
- 2012년 솔라플러스 창업

– www.solarps.kr

3장

틈새의 힘

: 신대섭(솔라플러스 대표) :

호된 신고식을 치르다

위잉…

변함없이 일에 몰두하던 어느 날이었다. 문자가 하나 들어오길래 예사롭지 않게 열어보는데 '귀하의 은행 거래가 정지됐음을 알려드리는 바입니다'라는 은행 거래 정지 메시지가 눈에 들어온다. 그리고 조금 있다가 거래 은행들로부터 차례차례 비슷한 메시지가 날아온다. 그러더니 급기야는 은행 통장이 가압류당했다는 소식까지 날아들었다.

'어라? 이거 뭐지? 설마?'

맞다. 바로 그 설마였다. 창업 초창기 직원 한 명을 고용했고 그 앞으로 들어가는 국민연금이 한 달에 40 정도였는데, 그게 5~6개월 밀린 거다. 월급만 주기도 벅차서 미루다 보니 벌써 6개월. 아뿔싸! 이런 일도 있을 수 있다는 걸 생각하지 못했다. 압류를 풀기 위해 찾아간 국민연금공단은 1층의 나긋나긋한 여성분의 안내와는 달리 2층의 연체 담당자는 나를 무섭게 몰아

붙이며 미납금을 상환하도록 종용했다.

'어떻게든 되겠지라는 나의 막연한 생각이 이런 참담한 결과를 불러왔구나… 하지만 이런 일은 내가 사업하는 한 두 번 다시 일어나지 않을 거야. 절대로. 이 한 번으로 끝이라고!'

국민연금공단에서 야단맞는 건 아무래도 좋았다. 은행 통장에 압류가 걸린 것도 괜찮았다. 하지만 무엇보다 가슴 아픈 건, 매출이 나오지 않으니 나를 믿고 따라와 준 직원을 해고해야 한다는 사실이었다.

'아, 사장이 무능하면 누군가의 밥줄을 잘라야 하는구나. 이래서 사업가는 숫자로 말하라고 하는 거구나.'

둘이서 일했기에 형님, 동생 하면서 분위기는 매우 좋았다. 추운 겨울에 따듯한 술잔을 기울이며 끝까지 잘해보자고 가족 같은 정을 나누었다. 하지만 통장 압류에 이어 월급을 줄 수 없는 상황이 닥쳐오니 더는 버틸 재간이 없었다. 그도 어떻게든 먹고살아야 하니까 말이다.

그때가 2013년 겨울, 창업 1년 차. 첫 매출 1,000만 원짜리를 올리고 뭔가 되는 줄 알고 직원부터 고용했다가 혹독한 대가를 치른 것이다.

3년 차에 접어든 2015년, 매출이 4억을 바라본다. 하지만 현재 우리 회사 직원은 나까지 포함 3명. 절대 방심은 금물이다.

그때 난 배웠다. 창업 초창기에는 게릴라와 같아야 함을. 몸집을 함부로 불리면 안 되고, 언제 어디서나 발 빠르게 대처하려면 고정비용이라는 무거운 갑옷에 짓눌리면 안 된다는 것을.

'나, 신대섭. 두 번 다시 같은 실수는 반복하지 않는다. 아자!'

남들이 잘 모르고,
꺼리는 분야일 것

솔라플러스 신대섭 대표와 인터뷰를 하기까지는 시간이 좀 걸렸다. 독일 신재생에너지 박람회에 참여 중이어서 돌아오길 기다려야 했는데, 기다리는 동안에도 참 이것저것 궁금한 점이 많았다. 신재생에너지업계 쪽에서 청소용역 사업을 한다니, 이게 도대체 뭘 하는 건지 이쪽 분야의 문외한인 나로서는 당최 어떤 일이 벌어지는지 알 수가 없었다.

그래서 대표를 만나자마자 대뜸 물어본 것이 무슨 일로 돈을 버는 거냐는 것이었다. 돌이켜 생각해보니 참 실례되는 일이다.

"음…. 그러니까 태양광 패널을 청소하는 일이에요."

신 대표는 1986년생으로 아직 청년인데도 여유 있고 느긋한 분위기를 풍긴다. 말도 그리 빠르지 않다. 분위기부터가 왠지 단기전보다는 장기전에 강할 것 같았는데, 인터뷰를 진행할수록 어떻게 그 나이에 그토록 단단한 강소기업을 키워낼 수 있었는지 감탄의 연속이었다.

"사실 일반인들은 이 분야를 잘 모르시는데, 우리나라 지방에 가면 태양광 발전소가 많거든요. 대개 관공서나 기업이 주관하는 곳들이에요. 우리가 하는 일은 태양광 패널의 세척을 통해서 발전 효율을 개선하여 수익을 향상시켜 드리는 일이죠."

그러고 보니 나도 서울시 어딘가에 설치한 유리판 같은 건 본 듯하지만, 태양광 발전소까지는 본 적이 없는 것 같다. 태양광 발전소도 생소한 터에, 발전소 청소는 오죽하랴. 어쩌다 신 대표는 이 분야로 뛰어들게 됐을까? 그 또래라면 좀 더 핫한 IT 쪽에 관심을 두는 게 일반적이지 않을까?

"제가 공대 출신이거든요. 사실 저도 대학교 때부터 친구들과 함께 앱 개발 창업을 했어요."

그러면 그렇지, 이제 좀 청년다운 이야기가 나온다.

"그때가 2010년이었는데, 한창 스티브 잡스 열풍이 불 때였거든요. 반응이 좋아서 앱스토어 1등도 하고, 한때는 다운로드 수가 50만을 기록하기도 했어요."

그 정도면 히트 조짐 아니었을까?

"그렇죠. 그 자체로는 히트였는데, 문제는 당시 거의 모든 앱이 무료였다는 거죠. 광고비가 수익모델이었는데, 아무리 트래픽이 50만이어도 광고비는 실질 클릭 수에 따라 지급되기 때문에 정말 작았어요. 그러다 보니 다운로드 수가 높은 게 오히려 부담되더라고요. 결국, 광고비에서 나오는 수입이 서버비조차 감당하지 못해서 접었죠."

그러니까 겉보기엔 얼핏 성공한 듯하지만, 실질적인 비즈니스 모델은 없었던 거다. 그래도 자기 돈 100만 원에 아직 대학생 때였으니까 친구들과 좋은 추억거리 하나 만든 셈이 된 걸까?

"아니요. 전 그때 제가 앞으로 할 수 있는 일이 무엇인지에 대해 뼈저리게 깨달았어요."

그저 단순히 '친구들과 한 판 잘 놀았죠' 할 줄 알았는데, 뜻밖에 심각한 답이 돌아온다. 순간 질문을 던진 내가 긴장하게 된다.

"당시 앱 개발이다 뭐다 해서 공대생이라면 이쪽 분야를 한 번씩 기웃거려보지 않은 친구가 없을 정도예요. 다들 자신은 인터넷상에서 무언가 대박을 터트릴 거라는 생각들을 품고서요. 그런데 제가 해보니까, 정말이지 저보다 훨씬 좋은 아이디어와 기술력을 갖춘 사람들이 넘쳐나는 거예요. 이래서는 어지간한 아이디어로는 수익모델이 나는 비즈니스를 창출해내지 못할 것 같더라고요."

한 번의 비즈니스 경험으로 굉장한 깨달음을 얻었다는 느낌이 들어 더욱 귀를 바짝 기울이게 됐다.

"그래서 그때 저만의 기준을 세웠어요. 첫 번째가 사람들이 잘 모르는 분야일 것, 두 번째가 사람들이 꺼리는 분야일 것. 이렇게 말이죠. 그리고 창업하기 전에 그 업계에 들어가서 무조건 업계 상황을 배워야 한다고 생각했어요."

대단하다. 대개 청년들이, 아니 중장년층도 으레 창업한다 하면 조금이라도 멋있어 보이는 걸 하고 싶어 하는데 어떻게 이런 생각을 할 수 있었는지. 참으로 사업가적 마인드가 남다르다는 생각이 들었다.

"그래서 취업할 곳을 찾는데 전경련 산하 신재생에너지 정책 컨설팅, 이런 곳이 있더라고요. 이거다 싶어서 지원했는데 마침 취직이

된 거죠. 어찌 보면 저한테 취업은 창업의 준비 기간이나 마찬가지였
어요."

　바로 이거란 생각이 들었다. 내가 첫 책 《1인 회사》에서도 밝혔듯
이 어차피 요즘은 개인이 한 회사에서 평생 고용을 보장받을 수 있는
시대는 끝나가고 있으니, 오히려 회사 다닐 때 회사 내에서 적극적으
로 자신의 앞날을 준비하는 것이 훨씬 좋다는 생각이다. 그러다 보면
회사 내 업무 효율성도 높아지니 결국 그것이 조직에도 좋은 일이고,
그로 인해 오히려 조직생활 기간도 더 길어질 수 있고 말이다. 신 대
표처럼 처음부터 자신의 방향성을 좀 더 장기적으로 잡고 회사생활
을 하면, 이후 1인 기업가로 전환하기에도 훨씬 더 유리하다.
　그래서 다음 이야기가 더욱 궁금해졌다. 이왕 입사한 마당에, 대기
업에서 한번 승부하고 싶다는 생각은 안 들었을까?

　"그건 아마 회사원이라면 다들 한 번쯤은 가져보는 생각일 거예요.
저도 예외는 아니었고요. 하지만 조직에 들어가 보니 제 사업을 해야
겠다는 생각이 더욱 굳어졌어요. 왜냐하면, 임원분들의 삶을 살펴보
니 정말이지 엄청나게 노력해서 올라간 것이더라고요. 일요일이 없는
건 말할 것도 없고, 어떤 면에선 아예 개인의 존재 자체가 없는 것처럼
느껴졌어요. 그런데 아무리 끝까지 올라가도 조직이라는 게 언젠가는
나와야 하는 거잖아요. 문제는 어느 때고 나오면 내가 없어진다는 거

고, 그 사실이 참 싫었어요. 차라리 젊을 때부터 작더라도 내 것을 만드는 데 그 힘을 쓴다면, 그것이 훨씬 낫겠다는 생각이 든 거죠."

내 것이라…. 존재 자체가 부서지라 일해도 결국 주체는 내가 아니라니. 어느새 우리 시대가 청년들마저 이런 것을 깨닫게 하는 사회가 됐나 싶었다. 그런 신 대표는 어떻게 창업의 길로 들어섰을까?

"아이템은 아까도 말씀드린 것처럼 일반인들이 잘 모르고, 남들이 꺼리는 분야로 애당초 잡고 있었어요. 그래서 재생에너지 분야에 들어와 있었던 거고요. 그래놓고 회사 다니면서도 머릿속으로 하루에도 수십 개씩 회사를 만들었다가 부셨다가 했죠. 그러다 어느 날 태양광 발전소에 견학을 가게 되었는데 함께 가신 분들도 그렇고 다들 발전 패널이 너무 더럽다고 그러시더라고요. 그런데 아무도 청소할 생각을 안 하시는 거예요. 그래서 제가 관계자분들께 여쭤봤죠. 왜 청소를 안 하시느냐고. 했더니 딱히 맡길 곳이 마땅치 않다는 거예요. 부랴부랴 찾아봤더니 정말이지 우리나라에 태양광 발전소 전문 청소업체가 하나도 없더라고요. 이거다 싶었죠. 우리나라에 태양광 발전소가 2,000개 정도 있거든요."

태양광 발전소 전문 청소라…. 말만 들어도 전문업체가 없을 것 같다는 생각은 들었다. 다만, 누가 굳이 업체까지 고용해서 청소하려

할까 하는 의구심이 언뜻 들었다.

"청소를 깨끗이 하면 집광 효율을 높일 수 있어서 발전소 수익률이 올라가요. 가령 발전소당 약 1,000만 원을 들여 깨끗이 청소한다고 했을 때, 수익률은 3,000만 원 정도 더 올라갈 수 있거든요. 그러니까 회사 측에서는 당연히 이득이죠. 다만 포인트는 발전소 측에서 이러한 사실을 인지하느냐 못 하느냐일 뿐이었어요."

그러니까 누이 좋고 매부 좋은 일이라는 얘기다. 그렇다면 또, 그걸 굳이 전문업체가 해야 하나?

"그럼요. 발전소잖아요. 모듈뿐만 아니라 인버터, 접속반과 같이 전문 설비가 즐비한 곳인데 자칫 일반 청소업체가 하다가는 오히려 문제가 발생할 수도 있죠. 제가 사업을 구상하면서 일반인이 모른다고 꺼리는 것에 더해 한 가지 더, 잠재적 경쟁자에 대해서도 생각하게 됐어요. 신재생에너지 같은 분야는 제 또래는 잘 모르기도 하거니와 꺼리는 분야인 건 맞는데, 기존의 경쟁업체를 생각해야 하겠더라고요. 그런데 다행히 전문 청소업체는 없고, 일반 청소업체는 대개가 중장년층 이상 분들인데 이분들이 새삼스레 이쪽 분야를 배워서 넘어오실 것 같지는 않았어요. 그래서 조사해보니 독일이나 일본, 미국 등은 이미 전문 청소업체가 많더라고요. 심지어 독일 같은 경우 청소설비도 특화되어 있고요."

아, 그래서 처음에 연락했을 때 독일 박람회에 가 있었구나. 그럼 신 대표도 설비를 전부 독일에서 수입했을까? 그렇다면 투자비가 꽤 많이 들었을 텐데.

"2012년 소상공인진흥원에서 신사업 아이디어 사업화 지원 프로그램이 있었어요. 제가 하려던 서비스업 쪽은 지원이 잘 안 됐는데, 그때 제가 한창 컨설턴트로 일하던 때라 기획서 작성은 자신 있었거든요. 다행히 붙어서 2,500만 원을 지원받았어요. 제 자본 1,000만 원이 있었고, 일반 대출 1,500만 원을 합해 총 5,000만 원으로 2013년에 창업했습니다."

5,000만 원이라…. 요즘 웬만한 식당 하나도 억 소리 안 듣고는 차리지 못하는 시대임을 고려하면 아주 큰 투자비는 아니지만, 청년 창업가에겐 결코 적은 돈이 아니다. 소규모 창업이 아니라 신 대표처럼 제법 규모가 있는 창업의 경우, 정부지원금에 도전해볼 필요가 있다는 생각이 들었다.
그럼 신 대표는 그 5,000만 원으로 어디부터 투자한 걸까?

"일단 독일에서 설비 수입하는 데 1,500을 투자했어요. 일단 전문

설비가 있어야 청소를 시작할 거니까요. 그다음 차 한 대를 구매했고요. 2,700 정도짜리 차였는데 물론 할부로 구매했죠. 그리고 나머진 거의 다 아웃소싱 처리하면서 1인 기업가로 사업을 시작했죠."

그리고 2013년 첫 매출이 연 3,000만 원이었다고 한다. 물론 5,000만 원의 투자비가 있으니 첫해부터 흑자 경영이라고까진 말할 수 없지만, 그렇다고 매출이 전혀 없는 것도 아니었다. 그런데 왜 통장 압류 사태가 벌어졌을까?

"사실, 첫 매출이 얼떨결에 한 방 터져서였을 거예요. 처음에 회사를 시작했을 때 가만히 생각해보니까 우리 회사 잠정 고객은 딱 정해져 있더라고요. 발전소 관계자들. 그래서 이분들께 어떻게 회사를 알릴까를 고민하다 이분들이 에너지 신문을 본다는 데 착안했죠. 저도 컨설턴트 시절에 매일 에너지 관련 신문을 봤거든요. 그렇다고 광고를 할 수는 없어서, 아예 제가 발전소 청소를 왜 해야 하는지 보도자료를 만들어서 에너지 관련 기사를 쓰시는 분들께 좍 돌렸어요.

그랬더니 그중에서 몇 분이 연락을 주시더라고요. 그렇게 첫 일감을 따낼 수 있었는데 그게 한 건에 1,000만 원짜리였어요. 이 사업 진짜 되는구나 싶으면서 좀 흥분했죠. 아직 지속적인 매출이 벌어진 건 꽤 뒤의 일인데, 그때 직원 한 명을 고용하고 소호사무실을 빌려 썼어요.

그렇게 한 달에 270만 원 정도 고정비용이 들어가면서 몇 달 뒤에 슬슬 자금 압박이 시작된 거죠."

충분히 공감 가는 이야기다. 이렇다 할 경쟁업체가 없는 블루오션 시장에서 한 건당 1,000만 원짜리 일감이 첫 매출로 들어왔으니, 당연히 기대감이 커질 수밖에 없었으리라.

그럼 당시의 난관은 어떻게 극복했을까?

"방법 없죠. 직원 내보내고. 그때 제가 강북청년창업센터로 들어갔어요. 그러면서 사무실 비용도 줄이고. 일단 털 수 있는 모든 고정비용을 턴 거죠. 사실 고정비용 줄이는 건 이미 답이 나와 있는 거나 마찬가지였어요. 회사 대표로서 정말이지 매출을 늘려야겠구나 하는 걸 뼈저리게 배운 거죠. 아무리 전망이 밝고 회사 분위기가 좋아도, 직원들 월급이 나오지 않으면 그 회사는 영속할 수 없다는 걸 첫해에 배웠어요. 해서 그때부턴 회사 고정비용은 최소화하고, 대신 매출은 최대화하는 데 집중했죠."

역시 경험을 통해 배우는 것보다 소중한 건 없으리라. 창업 1년 차에 신 대표는 어지간한 중견 사업가가 터득할 만한 걸 일순간에 터득했다. 그래서일까. 2013년 연매출 3,000에서, 2014년 2억, 그리고 2015년에는 4억을 바라보는 회사로 성장했다. 2년 만에 10배가 넘

다니 놀라운 성장률이다.

이제쯤은 번듯한 사무실에 직원도 많이 두었을까?

"아직 서울시 청년창업센터에 있는걸요. 장소만 강북청년창업센터에서 졸업 이후 청년창업플러스센터로 옮겼지만요. 일을 시작해 보니 저희 같은 성격의 업체는 정말이지 번듯한 사무실이 필요 없더라고요. 수주하기 위해서도 그렇고 일도 그렇고, 저희가 전부 고객사를 찾아가는 거지 고객사에서 우리 회사를 방문할 일은 거의 없어요. 그러니 별도의 사무실은 정말 나중 일인 거죠. 직원도 저까지 3명뿐이에요. 청소하시는 분들 포함 아웃소싱 가능한 분야는 전부 아웃소싱하면서 회사 몸집을 가볍게 하고 있어요."

1년 차 때 배움이 정말 뼈아팠던 것 같다. 대개 이 정도쯤 되면 번듯한 사무실부터 구하려 하는데 말이다. 그러고 보면 1년 차 때 위기가 두고두고 안정된 사업의 길을 걸을 수 있도록 신 대표를 키워준 게 아닐까.

그런데 문득 다른 인터뷰이들도 그렇고, 강남북청년창업센터에서 용산 청년창업플러스센터로 옮기는 건 왜들 그런 건지 궁금해졌다. 거기가 더 넓어서 청소장비를 갖출 수 있어서일까?

"그런 건 아니고요. 청년창업센터 유망주로 선정되면 용산 청년창업플러스센터로 옮길 수가 있어요. 그리고 용산 청년창업플러스센터는 1년 연장도 가능하고요. 저도 이번에 연장심사에 통과해서 1년 더 있을 수 있게 됐어요. 청소설비는 아파트 경비 아저씨 꾀어서 아파트 반지하 창고에 보관하고 있어요. 고정경비는 절대 금물이라서요(웃음)."

청소설비까지 아파트 지하 창고에 보관한다니, 절대 망하진 않겠구나 싶었다. 하긴 그렇게 철저하게 경영하니 2년 차에 2억, 3년 차에 4억으로 성장할 수 있었지 싶다. 아무리 블루오션을 뚫어냈다고 하지만 창업 3년 차에 이 정도 성장은 결코 쉬운 일은 아닐 것이기에 말이다.

1인 기업가로 시작하여 이쯤 되면 안정권에 들어섰다고 봐도 좋을 것 같은데 신 대표는 어떤 생각일까.

"사업에 안정이란 건 절대 있을 수 없다고 생각해요. 해서 저희 나름대로 다음 행로를 모색 중인데, 일단은 태양광 발전소를 짓고 있습니다."

태양광 발전소를 아예 짓는다니, 전혀 기대치 않았던 답이 돌아온다. 매출이 오르자 바로 재투자를 통한 사업 다각화를 시도하다니, 참 보통내기가 아니란 생각이다. 그런데 태양광 발전소 짓는 게 일반

인도 가능한 걸까?

"네, 가능해요. 기업에서 짓는 거보다 규모가 작을 뿐이죠. 최소단 위 500평 정도만 갖추면 되는데, 그 정도면 연간 100킬로와트급의 전기를 생산할 수 있어요."

그렇지만 이 사업은 토지매입비에 발전소 건축까지 투자비가 꽤 들 것이고, 그럼 투자비를 뽑기까지 기간이 꽤 걸릴 텐데?

"네. 아무래도 두 가지 합쳐서 최소 2억 7,000~8,000은 든다고 보 시면 돼요. 그렇다고 100% 자기자본은 아니고요. 아무래도 대출을 끼고 하죠. 그래도 어쨌든 자본회수까지는 시간이 좀 걸릴 것 같아서 저희는 한쪽에 버섯이랑 블루베리 같은 작물 재배를 하려고요. 발전 소와 더불어 더블인컴 라인을 만드는 거죠."

1986년생이 이렇게 야무져도 되나 싶다. 갑자기 앞에 앉아 해맑게 웃고 있는 청년 실업가가 노련한 사업가로 느껴진다. 그런데 잠깐. 버섯, 블루베리는 누가 키우지?

"그 지역에 거주하고 계시는 분들에게 기술을 교육하고 직접 고용 까지 할 예정입니다. 제 고향이기 때문에 저희 친척분들도 계셔서 훨씬 수월하게 이루어질 거라고 생각해요(웃음)."

돌아오는 답마다 완전 항복이다. 치열함이나 결연한 의지보단 그저 해맑게 웃으며 들려주는 한 마디, 한 마디가 참으로 곱다는 생각이 들었다. 창업 3년 차 어느새 훌쩍 성장해서 동네 고향에 발전소를 세우고 어르신들 모셔다 고용창출도 하고. 참 요즘 대한민국 사회에 바람직한 모습이 아닐까 싶었다. 이런 일이 자꾸자꾸 늘어났으면 좋겠다.

그런 신 대표에게 멘토가 있었을까?

"글쎄요…, 딱히 멘토라 할 만한 분은 없었던 것 같은데요."

이상하다. 벌써 3번째 인터뷰이인데 하나같이 멘토가 없다고 답한다. 좀 더 인터뷰를 진행해봐야 알겠지만 예사롭지는 않다는 느낌이 든다.

그렇다면 내 인생의 책은?

"《이웃집 백만장자》라는 책이에요. 한 줄로 말씀드리자면 결국 진짜 부자들은 검소함을 기반으로 부를 일궜다는 내용인데, 제겐 굉장히 감명 깊었어요. 그 책을 읽으면서 겉으로 화려한 삶을 사는 것이 아니라 내실 있는 삶을 살아야겠구나 하고 결심했거든요. 1인 기업가는 특히 더 그래요. 사실 회사가 어느 정도 커나갈 때까지는 대표가 전부나 마찬가지잖아요. 투자도 대표를 보고 들어오고, 수주도 대표를 보고 들어오고요. 대표가 곧 회사이다 보니까, 정말 중심 잘 잡고 가야겠다 싶은 거죠. 투자받은 돈으로 제일 먼저 차 바꾸고 하시던 분들 부도 맞던 거 주변에서 꽤 봤거든요."

아무리 첫해 위기를 넘겼다고 해도 신 대표는 자질이 들뜸이나 흥분과는 거리가 멀게 느껴졌다. 읽는 책 하나, 주변 사람들 하나. 하나에서 열까지 전부를 반면교사로 삼고 자신을 키워나가고 있으니 말이다.

그런 신 대표가 이제 막 스타트 라인에 선 1인 기업 후배들에게 해주고 싶은 말은 무엇일까?

"자기 자신을 객관적으로, 냉정하게 평가했으면 해요. 대개 사람들이 창업한다고 하면, 나를 살펴보기에 앞서 시장부터 달려가거든요. 그래놓고 막연히 '하면 될 거야'라고 생각하시는데 그건 위험한 발상이에요. 유행하는 시장은 어디인지, 뜨는 아이템이 무엇인지 등을 생각하기에 앞서 나를 객관적으로 바라보는 게 먼저라는 생각이 들어요. 대표의 역량과 판단에 따라 회사의 모든 것이 이루어지기 때문에 더욱 그렇습니다."

인터뷰 내내 미소를 잃지 않던 신 대표가 유독 진지하게 강조하는 '시장보다 나를 먼저 알자'라는 마지막 말이 가슴 깊이 와 닿았다. 그 자신, 스스로를 객관적으로 평가하여 블루오션을 만들어낸 사례였기에 말이다.

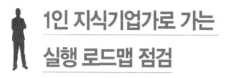

1인 지식기업가로 가는
실행 로드맵 점검

▶ **로드맵 1: 꿈 혹은 천직을 찾았는가?**

대학교 때부터 창업을 시도하고, 창업을 준비하기 위해 연관 분야의 조직에 들어갔다고 한다. 일찌감치 자신의 방향을 창업으로 잡고 걷기 시작한 사례다.

▶ **로드맵 2: 그 일이 자신의 성격과 기질에 맞는지 충분히 검토했는가?**

그렇다고 조직생활을 한 번도 경험해보지 않은 것은 아니다. 창업을 위해서라기는 하지만, 일단 조직에도 발은 들여놓아 보았다. 그리고 역시 그곳은 자신의 일생을 걸 승부처는 아니라는 생각을 했고, 오히려 더 열심히 창업을 준비해나갔다.

➡ 로드맵 3: 천직의 시장성을 검토했는가?

신재생에너지, 그중에서도 태양광 발전소 청소용역. 이름만으로도 참 생소하고 낯설다. 신 대표 자신이 창업 아이템을 선정할 때의 원칙이 그것이었다. 일반인은 모르고, 청년 또래는 꺼리는 아이템. 거기다 기존 경쟁업체들은 중장년층이어서 넘어오지 않을 것이라는 점까지 고려했다. 시장성 정도가 아니라 그야말로 블루오션을 개척한 경우라 할 수 있겠다.

➡ 로드맵 4: 천직이 필살기 수준까지 도달하도록 수련했는가?

2013년 창업 후 이제 사업 3년 차. 연매출 3,000에서 4억짜리 회사로 키우면서 회사와 함께 신 대표 또한 나날이 사업가로 성장하고 있다. 힘든 날들을 어떻게 버틸 수 있었느냐는 말에 "오기가 생겨서"라고 답하는 신 대표. 그래서일까. 절대 겉으로 화려함을 추구하지 않으며 한 걸음, 한 걸음 꾹꾹 눌러 다져 필살기를 더해갈 것으로 기대된다.

➡ 로드맵 5: 최소한의 생존경비는 확보하고 시작했는가?

자기자본 1,000만 원, 대출 1,500만 원, 소상공인 지원금 2,500만 원 해서 모두 5,000만 원이니 청년 창업가치고는 적지 않은 자본금을 갖고 시작한 셈이다. 그런데도 신 대표가 빛을 발하는 건, 첫해 위기 후에는 매출이 증대해도 절대 고정비용 등을 포함한 지출 부분을 늘리지 않고 최소한의 규모로 최대한의 매출을 올리는 아주 효율적인 사업을 이어가고 있다는 점이다.

로드맵 6: 초기 수입의 다각화를 모색했는가?

수입 다각화는 창업 3년 차인 2015년부터 실행했다. 처음에는 온전히 청소 용역에만 집중하다 2015년부터는 그 자신 직접 태양광 발전소를 지어 전기를 생산하는 것은 물론, 매입부지 빈터를 활용하여 버섯과 블루베리 작물 재배까지 겸하는 다양한 비즈니스 모델을 구축 중이다.

로드맵 7: 멘토가 있었는가?

자신의 길을 걸어오는 데 길잡이가 되어준 한 분의 멘토는 없었다고 한다.

로드맵 8: 1인 지식기업가 초창기, 나보다 큰 커뮤니티에서 채널 마케팅을 시작했는가?

어떤 큰 커뮤니티에 직접 소속됐다기보다는 재생에너지 연관 전문지를 잘 활용한 경우라 할 수 있다. 거기에 직접 광고를 싣기보다는 보도자료 형식으로 기사를 뿌려서 기업이 필요성을 인식하게 하여 수요를 일으키는 아주 효과적인 마케팅 전략을 구사했다.

로드맵 9: 개인 마케팅의 정점인 책 쓰기를 시도했는가?

자신이 직접 쓰지는 않았지만, 사업의 특이성으로 인해 이미 여기저기서 인터뷰 요청도 들어오고 기사도 나오고 있다. 자기만의 블루오션을 개척한 효과를 여기서도 보고 있다고 하겠다.

4장

끈기의 힘

: 이묘선(방송작가) :

아련한 막내 시절의 기억

"엿장수를 찾으라고요? 지금요?"

세상에! 시계를 보니 자정이다. 이 시간에 엿장수를 섭외하라니 아무리 하늘보다 무섭다는 방송계 선배의 명이긴 하지만, 이건 해도 해도 너무한다 싶었다. 그럴 거면 차라리 아까 시키든가. '말 안 되는데요. 지금 이 시각에 어디 가서 엿장수를 섭외해요.' 마음속에선 하고 싶은 말들이 백 가지도 넘게 맴돌지만, 한마디도 뱉어내지는 못한다. 마음속 말을 절대 다 뱉어낼 수 없는 곳, 여기는 방송국이니 말이다.

"네, 알겠습니다."

마음속 말들과는 전혀 상관없이 내 입에서 나오는 말이다. 그리고 시장 상인협회 전화번호를 뒤져 자정에 전화를 걸기 시작한다.

"너, 지금 제정신이야! 시계도 안 봐!"

이건 양반의 반응이다.

"이런 미친 ×. 끊어!"

이건 일반인.

"야, 이 도××야!"

시계가 새벽 1시를 가리킬수록 상대방들의 반응도 더욱 격하고 거칠어진다. 이해한다. 나라도 그럴 것 같다. 그러나 계속해서 전화를 돌려야 한다는 것, 그것이 방송 교양 작가의 운명인 것을. 이윽고 새벽 2시가 되니, 선배님이 그만하라 하신다. 세상에, 태어나 그토록 푸짐한 쌍욕을 먹어보긴 처음인 듯싶다. 야식 안 먹어도 배부르다.

파김치가 된 몸을 이끌고 집에 도착하니 시계는 새벽 4시를 가리킨다. 온종일 자취방 보일러가 꺼져 있어서 냉골이다. 보일러를 켜려다 문득 '내일 아침 8시까지 출근해야 하는데, 따듯한 방에서 긴장이 풀려 푹 자면 어쩌지' 하는 불안한 마음이 든다.

'그랬다간 끝장인데…. 선배보다 일찍 출근해야 하는데…'

따르릉!

새벽 알람 소리보다 추워서 깼다.

'으…, 춥다. 왜 이렇게 춥지!'

정신을 차리고 보니 걱정이 돼서 보일러를 틀지 않고 잠을 청한 게 떠올랐다.

그렇게 안산에서 방송국까지. 혹여 지각할까 걱정이 돼서 보일러도 틀지 않고 잠을 자면서까지 막내 작가를 거쳐 지금 난 9년 차 방송작가가 됐다. 생각해보면 지난 9년 동안 난 1주일 이상 쉬어본 적이 없다. 어쩌다 쉬게 된 1주일조차 그러고 보니 아르바이트로 일했고, 쉴 새 없이 달려왔다. 일이 좋기도 했지만, 한편으론 일에서 멀어지면 잊힐까 싶은 두려움도 있었던 것 같다.

그래도 내가 쓰는 글들이 방송에 나오는 걸 볼 때마다 방송작가가 되길 잘했다는 생각이 든다. 그때의 뿌듯함이란 말로는 쉬이 표현할 수 없다. 그래서 난 앞으로도 계속해서 막내 작가 때의 마음가짐 그대로 살려고 한다. 내가 아직 막내라 생각하면 기분 나쁠 일도 없고, 남에게 내 일을 넘길 일도 없을 테니까. 그렇게 난 오래도록 이 길을 걷고 싶다.

방송작가로 살아남는
세 가지 키워드

방송작가와의 인터뷰이다 보니 어딘가 목에 힘을 주고 나오지 않을까 우려했었다. 하지만 전혀 아니었다. 이묘선 작가는 한눈에도 시원시원한 성격에 인터뷰가 진행될수록 겸손함까지 갖추고 있음을 알 수 있었다. 한마디로 예상외의(?) 태도를 지니고 있었다. 그도 그럴 법한 것이 요즘 청년들, 그중에서도 20대 여성들이 가장 선호하는 직업군 중 하나가 방송작가이니 말이다.

서로 자리를 잡고 앉자마자 가장 궁금했던 질문을 던졌다. 전공은 뭐였으며 어떤 루트를 통해 방송작가가 됐는지 말이다.

"저는 문창과 나왔어요. 순수문학이 전공이에요. 원래는 다른 대학

자연계를 다녔어요."

흔히들 말하는 방송아카데미 출신이 아닐까 했는데 순수문학 전공이라는 것도 의외였지만, 그 이전에 자연계를 다녔다는 건 더 의외다. 어떤 이유로 학교를 옮기게 됐을까?

"다 그렇잖아요. 집에서 서울에 있는 4년제 대학을 꼭 가야 한다고 하셔서. 그래서 자연계에 진학했는데, 제가 원래 수학이나 물리 등 자연과학 과목을 엄청나게 싫어했거든요. 어릴 때부터 시를 쓰거나 백일장에서 글 쓰는 거를 좋아했어요. 그러다 서울예전 영화과 다니는 친구가 우리 학교에도 시를 쓰고 글 쓰는 과 있다고 해서 시험을 쳤는데 붙었어요. 그래서 옮기게 됐죠."

표현은 쉽지만, 당연히 집에선 반대가 있지 않았을까 하는 생각이 든다.

"반대하셨죠. 그래서 등록금을 제힘으로 벌기 시작했어요. 아르바이트를 한 거죠. 다행히 제가 운이 좋아서 서점이나 은행 홍보 등 당시 시급이 굉장히 좋은 아르바이트를 할 수 있었어요. 거기다 학생회 대의원 활동도 했어요. 그런 일들이 재미있고 좋은 것도 있었지만, 그 일을 하면 등록금 일부를 삭감해주신다고 해서요(웃음). 그렇게 제

결심을 보여드려서 그런지, 마지막 학기는 엄마가 등록금을 대주셨어요."

역시 무슨 일이든 맨 처음 시작은 그 누구도 아닌 자신의 확고한 의지와 의지대로 밀고 나가는 실행력인 듯하다. 그랬을 때 주변 누구라도, 설혹 반대하던 부모님조차 믿어주고 응원해주고 싶은 마음이 생기시는 듯하니 말이다.

그건 그렇고, 시를 쓰고 글 쓰는 것 좋아하던 문학소녀가 어떤 경로로 방송계로 진출하게 됐을까.

"그것도 역시 아르바이트에서 시작됐어요. 과 선배님들 중에 〈퀴즈 대한민국〉 작가로 활동하는 분이 계셨는데 퀴즈 문제가 확정되기 전에 전문가들한테 전화로 검수받는 아르바이트가 있었거든요. 근데 이상하게 다른 아르바이트생들은 자주 바뀌는데 저는 계속 불러주시더라고요. 그리고 어느 날 선배님께서 방송작가 하지 않겠느냐고 물어보셨어요. 방송작가는 글을 잘 쓰는 것도 중요하지만, 취재나 섭외 등도 잘해야 하는데 저라면 일하는 속도나 태도 면에서 가능할 것 같다고 하시면서요. 그렇게 시작하게 됐어요."

일하는 속도나 태도라…. 어쩐지 이묘선 작가는 자신의 길을 스스로 만들어낸 경우인 듯하다. 사실 아르바이트였긴 하지만, 분야가 분야인 만큼 이 작가처럼 그 자체가 하나의 기회가 될 수도 있는 일인 만큼, 내게 다가오는 현재의 작은 일을 어찌 대하느냐에 따라 나도 모르는 사이 그다음 길을 향한 문이 열릴 수도 있으니 말이다. 그렇게 방송계라는 커다란 세계로 발을 들여놓은 그녀가 처음 시작한 곳은 어디였을까?

"일단은 그 선배님께서 소개해주신 케이블 TV 영화 프로그램에 막내 작가로 시작하게 됐어요."

막내 작가라. 그러고 보면 방송에서도 막내 작가라는 말이 가끔 들리는데 어떤 일들을 하는지 궁금하다.

"한마디로 서치를 많이 한다고 보시면 돼요. 구성작가들이 대개 활동하는 게 교양, 예능, 시사 등 세 분야거든요. 분야에 따라 핵심적인 일들이 좀 다르긴 하지만, 막내들이 하는 일은 대개 비슷비슷해요. 교양 같으면 특히나 아이템 발굴하고 섭외하는 일도 해야 하고, 예능 같으면 현장에서의 동선 체크는 선배들도 같이 하시고요. 소품 챙기는 것부터 아주 작은 일까지 해요."

역시 어느 분야든 조직적으로 일이 진행되는 곳은 기본기부터 다지고 가야 하는 듯하다. 그럼 일정 기간 막내 작가 생활을 거치면, 우리가 흔히 알고 있는 방송작가가 되는 걸까?

"방송작가를 어떻게 보시느냐에 따라 좀 달라지는데요. 막내 작가 다음으로 서브 작가가 있고, 그다음이 메인 작가예요. 개인에 따라 분명 다르겠지만 예능은 2~3년, 교양은 최근엔 1~2년 막내 작가 생활을 거치면 서브 작가로 입봉하는 것 같아요. 저는 1년 좀 못 돼서 되긴 했어요. 그다음 메인 작가가 되는 건 철저히 개인에 따라 달라지죠. 서브 작가가 되면 일단 자기 꼭지를 쓰게 되거든요. 그러니까 여기서부터 외부에서 보시는 방송작가라 할 수 있어요. 그런데 메인 작가가 되면 글만 쓰는 것이 아니라, 그야말로 작가들 총괄해서 관리도 해야 하는 등 책임감도 늘어나고 업무 영역도 많이 늘어나죠. 그래서 메인이 되는 기회와 능력도 분명 있지만 어떤 분들은 개별 상황에 따라 그냥 서브 작가에 머무르기도 해요."

회사로 치면 막내 작가는 사원, 서브 작가는 실무를 담당하는 팀장, 그리고 메인 작가는 관리업무까지 담당하는 임원 같은 개념이 아닐까. 물론 방송계는 이런 조직체계가 있는 것이 아니고, 철저히 프로젝트별로 전부 프리랜서들로 진행된다는 점이 다르지만 말이다. 말하자면 거대 조직이 시스템처럼 돌아가지만, 그 일을 남낭하는 개인들은 전부 프리랜서, 즉 1인 지식기업가들로 구성된 독특한 시스템이다.

"그렇긴 한데, 한 가지 다른 게 방송국과 작가들 사이에 외주 제작사가 있다는 거죠. 그러니깐 방송국 본사에서 일하는 작가도 있지만, 외주 제작사에서 일하는 작가도 있다는 거죠. 저 같은 경우는 경력이 딱 반반이에요. 그런데 대개 작가들이 외주보다는 아무래도 본사에서 일하고 싶어들 하죠. 그리고 외주 제작사 대표는 방송국 피디 출신분들이 많아요. 드물게는 작가 출신도 계시고요."

일반인들한테도 알려진 제작사의 역할이란 것이 이런 거였구나. 방송국이라는 거대 조직에 끝없이 콘텐츠를 제공하는 스몰 비즈니스 주체들이 바로 외주 제작사이고, 작가들은 외주 제작사들과 긴밀하게 연결되어 일하는 프리랜서들이고. 앞으론 다른 분야에서도 점점 더 이 같은 구조변경이 더 많이 일어나지 않을까 하는 생각이 들었다. 대기업이 고정비용을 감당하기 어려우니까.

다시 본론으로 돌아가서, 그럼 이묘선 작가는 언제 서브 작가로 등단했을까?

"저 같은 경우 서브 작가로의 발돋움은 〈무한지대 큐〉하고 EBS 다큐인 〈한국기행〉을 통해서였어요. 〈무한지대 큐〉는 교양인데 아이템 발굴부터 취재 및 꼭지 쓰기까지 비로소 어엿한 작가로 시작하게 됐죠. 그런가 하면 정통 기행 다큐인 〈한국기행〉을 통해서는 작가로서 글을 어떻게 써야 할지를 배웠어요. 메인 작가님께서 서울예전 문창과 대선배님이셨는데, 정말이지 글 한 줄 한 줄이 시청자들의 감성을 건드리는 서정적인 글을 쓰는 분이셨거든요. 그분 밑에서 쓰고 고치고를 반복하면서 외주 사장님께서 메인이 쓴 줄 알았다고, 많이 컸다고 칭찬해주셨을 때 참 뿌듯했어요."

그렇게 교양이면 교양, 다큐면 다큐 여러 분야를 섭렵하던 이묘선 작가가 최근 둥지를 튼 것은 예능 프로그램이다. 결국 구성작가에겐 예능이 대세인 걸까?

"그런 것도 있지만, 저로서는 그게 제 성향이에요. 모르는 분야를 끝없이 해보고 싶어 하는 호기심이랄까요. 대신 한번 발을 들여놓은 분야는 끝까지 가봐야 하는 성격 또한 분명 있어요. 그래서 1년 안에 그만두는 프로가 없었어요. 그렇게 이 분야는 내가 확실히 안다는 느낌이 들면 지금까지 경험해보지 못한 분야를 해보고 싶다는 욕구가 생기고…. 교양이랑 다큐를 어느 정도 배웠다는 느낌이 든 후에 비로소 예능으로 옮겼어요."

이건 아마 본인 말처럼 철저히 개인 성향일 듯하다. 누군가는 교양이면 교양, 예능이면 예능만 전문 분야로 삼을 것 같으니 말이다. 그렇다면 구성작가로서 한 분야에만 집중하는 것과 다양한 분야를 섭렵할 때의 장단점은 무엇일까?

"아무래도 한 분야만 파면 역시 그 분야에서 전문가로 자리 잡기는 빠르겠죠. 저도 예능으로 넘어올 때 연차가 좀 있어서 그게 좀 힘들 었거든요. 연차는 있는데, 막내 일은 잘 모르니까요. 다른 한편으로, 한 분야만 계속 파고들었는데 이동하기 어려운 연차에 가서 이건 아 니다는 결론이 나면 힘들겠죠. 분야별로 다 특성들이 있으니까요."

프리랜서의 길에선 커리어 관리가 철저히 개인의 몫일 듯하다. 회 사처럼 정해진 루트를 따라 승진하거나 회사에서 요구하는 곳으로 부서 이동이 일어나는 것이 아니라 본인 스스로 자신의 길을 만들어 가야 하니, 한편으론 선택의 자유가 있지만 그만큼 스스로 책임져야 하는 부분도 있다. 그러나 그렇게 스스로 커리어를 선택할 수 있다는 것이 장점 중 하나 아닐까?

그렇다면 방송작가들의 수입은 어느 정도일까? 방송작가들은 연 봉 2,000~3,000을 언제쯤 달성하게 되는 걸까?

"막내 작가로 일하는 것 포함 5년 차가 넘어가면 대개 그 정도는 버 는 듯해요. 가령 연차가 4년 차라면 4 곱하기 10을 해요. 그럼 40이 잖아요. 이게 일주일에 한 편 나가는 방송분 페이예요. 이렇게 하면 한 달에 160인데, 대개 4년 차쯤 되면 이 정도보단 더 많이 받아요. 그렇다고 어디까지나 계속 연차 곱하기 10은 아니고요. 아마 대략 8 년 차까지는 이 공식대로 흘러가는 곳이 많다고 봅니다."

작가 역시 프리랜서니까 방송 일 외에 수입의 다각화는 가능하지 않을까?

"그럼요. 어느 정도 실력만 갖추면 그다음부터 기업 홍보나 선거 관련 일 등 방송 외 일도 찾기 시작하면 꽤 많다고 하더라고요. 주어진 자료 갖고 글만 써주면 되니까 오히려 어떤 면에선 방송 일보다 조금은 더 쉽기도 하고요. 해서 어떤 분들은 아예 어느 순간부턴 방송 외 일만 하시는 분들도 계시다고는 하는데, 많지는 않아요. 대개는 방송 일을 메인으로 하면서 알음알음으로 들어오는 일이 있으면 잠깐씩 하시는 정도죠. 심지어 방송 일조차 본인 시간 구성이나 노력 여부에 따라 한 번에 한 개 이상 프로그램을 진행하시는 분들도 계시는걸요. 수입 부분은 개인차가 커요."

그러니까 메인 일은 방송작가로 잡고 있지만, 본인의 노력 여부에 따라서는 얼마든지 방송 외적인 수입 다각화가 가능하고, 심지어 방송 일조차 동시 진행도 가능하다는 설명이었다. 이 역시 프리랜서로서의 장점이라 하겠다.

그렇게 아르바이트에서부터 자신의 길을 스스로 개척해온 이묘선 방송작가에게 멘토는 누구일까?

"저희 엄마예요. 늘 너무 힘드니까 방송 일 그만해라 하시면서도 제가 쓴 프로그램은 꼬박꼬박 챙겨보시고 모니터링도 해주시거든요. 첫 스크린 올라가면 사진도 찍어서 보내주시고. 역시 엄마라는 생각이 들어요.”

자식 걱정에 어린 시절 진로문제에 가장 깊이 관여하시지만, 막상 자식이 스스로 자신의 길을 정하고 걷기 시작하면 누구보다 든든한 지원군이 돼주시는 분 또한 이 땅의 어머니들이 아닐까 싶다. 그런 이 작가에게 내 인생의 책은?

“김혜순 선생님 시집이에요. 마음이 힘들거나 할 때 선생님 시를 읽으면 참 위로가 되거든요.”

방송작가가 되기 위해선 우선 거대 조직의 흐름을 파악할 수 있는 눈치가 있어야 하고, 남들이 볼 수 없는 곳에서 새로운 아이디어를 발굴하는 아이디어와 자신이 맡은 일은 끝까지 완수하는 끈기가 필요하다는 이 작가. 인터뷰 내내 씩씩한 커리어 우먼으로 임해주었지만, 그녀의 9년 차 행보가 결코 쉽지만은 않았을 거란 느낌이 들었다.
그런 그녀가 끝으로 후배들에게 해주고 싶은 말은 무엇일까?

“어느 분야에서든 막내처럼 일하라고 말해주고 싶어요. 저는 막내 때 하나라도 더 배울 욕심에 누가 뭐라 해도 기분 나쁠 틈이 없었고,

그저 모든 일이 내 일이다 하는 마음으로 일했거든요. 그런데 사람이 일하다 보면 어느 순간부턴 이 마음이 슬며시 사라지죠. 그런 만큼 내가 아는 것이 다가 아니라는 마음가짐이 참 중요해요. 프리랜서로 장수하기 위해선 계속해서 자신의 분야를 넓혀가며 성장해가야 하죠. 내가 알고 있는 것조차 거듭거듭 확인하며 앞으로 나아가는 자세가 필요해요."

이게 어디 방송작가라는 분야에서만 필요한 것일까. 어쩌면 모든 프리랜서가 갖춰야 할 자세가 아닐까 싶다. 역시 9년 차 방송작가는 참 단단하다는 생각이 드는 인터뷰였다.

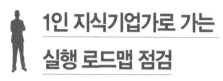

1인 지식기업가로 가는
실행 로드맵 점검

➡ 로드맵 1: 꿈 혹은 천직을 찾았는가?

어릴 때부터 시를 쓰거나 백일장에서 글쓰기 하는 것을 좋아했다고 한다. 하지만 서울에 있는 4년제 대학에 진학하기 위해 점수에 맞춰 이공계 대학으로 진학했고, 진학 후 공부에 흥미를 느끼지 못해 어려움을 겪게 됐다. 그런 와중에 서울예전 영화과에 다니는 친구로부터 자기네 학교에도 시를 쓰고 글을 쓰는 학과가 있다는 말을 듣고 시험을 치러 합격했다. 이후 부모님의 반대를 무릅쓰고 아르바이트를 해가며 학교에 다녔다고 하니, 자신의 꿈을 찾아 스스로 길을 걸어온 경우라 할 수 있겠다.

➡ 로드맵 2: 그 일이 자신의 성격과 기질에 맞는지 충분히 검토했는가?

방송작가 9년 차. 교양이면 교양, 다큐면 다큐, 심지어 예능 분야까지 고루 섭렵하며 그 어렵다는 방송계에서 9년 차 작가로 이어온 걸 보면, 도저히 기질에 맞지 않고서는 해낼 수 없는 일일 것이다.

➡ 로드맵 3: 천직의 시장성을 검토했는가?

방송작가의 시장성은 직업의 시장성보다는 개인차가 크지 않을까 싶다. 물론 점점 더 미디어가 확장되는 시대에서 방송작가란 분명 이전보다 더 주목받고, 그런 만큼 더 많은 작가를 필요로 하는 일일 터이다. 그런데도 다른 어떤 분야보다 작가 스스로 기질과 적성에 맞지 않고서는 버틸 수 없는 일이란 생각이 든다. 그런 의미에서 이 작가의 경우는, 그 자신이 방송작가로서 갖춰야 할 시장성을 지니고 있다고 판단해도 무방할 듯하다.

➡ 로드맵 4: 천직이 필살기 수준까지 도달하도록 수련했는가?

이 분야에서 방송작가는 두 가지 길로 갈릴 수 있는 듯하다. 하나는 한 분야를 전문적으로 파고드는 경우와 이 작가처럼 다큐, 교양 및 예능을 두루 섭렵하는 경우다. 이 작가는 세 분야 모두에서 서브 작가로 활동하며, 언제 어느 방송을 맡아도 해낼 수 있는 필살기를 연마했다고 볼 수 있겠다.

➡ 로드맵 5: 최소한의 생존경비는 확보하고 시작했는가?

대학 재학 시절부터 아르바이트로 방송계에 입문했기에 최소 생존경비가 크게 문제가 되지 않은 경우라 하겠다. 아르바이트 이후에도 바로 막내 작가로 일이 연결되고 계속해서 서브 작가로 커나왔기에 최소 생존경비를 확보했는가 하는 진단이 그다지 필요치 않은 경우였다.

▶ 로드맵 6: 초기 수입의 다각화를 모색했는가?

자신이 원한다면 방송작가로서 연차가 쌓인 후 여러 개의 프로그램을 동시에 진행한다거나 방송 외적으로 기업이나 기타 홍보 일감을 확보할 수도 있었겠지만, 이 작가는 비교적 자신이 하는 일에만 집중하는 경향을 보였다. 수입라인의 집중화라 할 수 있겠다.

▶ 로드맵 7: 멘토가 있었는가?

늘 방송 일이 힘드니 그만두라 말씀하시지만 사실 언제나 가장 든든한 지원군이 되어주시는 어머니를 멘토로 꼽는다. 역시 치열한 경쟁 속에서 버틸 힘은 어머니에게서 나오는 듯하다.

▶ 로드맵 8: 1인 지식기업가 초창기, 나보다 큰 커뮤니티에서 채널 마케팅을 시작했는가?

방송계는 나보다 큰 조직 안에서의 채널 마케팅보다는 입문 자체가 연관된 전공학과나 방송아카데미라는 두 개의 커다란 줄기로 나뉘는 것 같다. 그런만큼 일단 그 두 개의 줄기를 타고 방송계에 입문한 뒤에는 자신의 실력을 인정받고 그로 인한 네트워킹, 즉 철저한 인맥에 의해 일이 주어지는 분야다.

그렇기에 어떤 면에선 더욱더 한 번의 실수조차 용납되지 않는 치열한 경쟁 체제 속, 인맥 마케팅이 지닌 양가성을 띤다.

➠ 로드맵 9: 개인 마케팅의 정점인 책 쓰기를 시도했는가?

어쩌면 이 분야는 책 쓰기가 굳이 필요하지 않은 분야일 수도 있겠다는 생각이 들었다. 방송계라는 굉장히 특이한 조직 내에서는 책 쓰기로 자신의 브랜딩을 쌓아가기보다는 우선 동료들에게 실력과 태도를 인정받고 그것이 업계에서 입소문을 탈 때 비로소 개인 브랜딩이 형성되니 말이다. 그런 의미에서 이 작가의 경우, 연차가 곧 개인 브랜딩을 드러내 주는 것 아닐까.

- 웹디자인 전공, 1학년 마치고 자퇴
- 2008~2009년 클래식 기타 장인에게서 기타 제작 마이스터 과정 수료
- 2010년 조동진 기타제작소 오픈

    수제 포크 기타 제작

    기타 마니아 카페에 기타 제작 과정 연재
- 2015년 2월 기타제작 아카데미 오픈
- 2015년 7~8월 보급형 올솔리드기타 공예 프로젝트 개최
- 2016년 휴대용 기타 'Klang(끌랑)'의 제품디자인 프로젝트 펀딩 성공

– jguitar.co.kr
– tumblbug.com/portag

5장

고독의 힘

: 조동진(수제 기타 제작자) :

외로움이
편안한 친구가 될 때

　고요한 새벽. 마치 세상이 멈춘 듯이 아무 소리도 들리지 않는다. 이 세상이 낮이면 그토록 떠들썩한 소리로 가득 찼던 곳이 맞나 싶을 정도다. 다시금 마음을 가라앉혀 기타 줄 하나를 걸어본다.

　팅~.

　기타 소리가 새벽 공기를 가른다. 맑다. 잘 맞추어진 듯하다.

　홀로 기타를 만들기 어언 5년. 기타는 내게 즐거움이자 자존감이자 요기 수행이나 마찬가지다. 어릴 때부터 미술을 좋아했고, 그중에서도 손으로 만드는 게 특히 좋았다. 그런가 하면 한때는 음악에 심취해 마냥 음악만 듣고 살았던 적도 있다. 그리고 천직처럼 다가온 수제 기타 제작자의 길. 마치 조형미술과 음악의 접점과도 같다고나 할까.

　틀에 박힌 대학생활도 견뎌내지 못한 나. 그런 내가 취직을 한다 한들 버텼을 것 같지가 않다. 일찌감치 나만의 길로 들어섰지만, 그렇다고 그 길이 마냥 쉽고 좋았다고만 할 수는 없다. 이 악물고 버텨야 했던 순간들도 많았으니까. 그런 내게 외로움은 가장 큰 어려움이자, 가장 큰 즐거움이기도 했던 것 같다.

이렇게 홀로 작업실에서 기타를 만들고 있는 이 순간 나는 철저히 혼자다. 디자인을 하고, 나무를 자르고, 기대하는 음을 만들어내고… 흔들릴 때마다 인도 경전인 《바가바드 기타》를 한 장씩 읽는다. 그럼 이 고독의 순간들이 마치 요기들의 수행 시간인 양 나를 감싸고 있는 공기마저 차분해진다. 그렇게 나를 둘러싼 외로움을 다독인 후, 난 다시 작업에 빠져든다.

외로움이 가장 힘들지만 외로움이 가장 좋다. 나를 더 깊게 키워내기에.

고독 속으로 조금씩 더 침잠하여 내게 오는 시간을 흔들림 없이 쌓아가는 것.

이것이 어쩌면 기타를 만든 지난 5년 동안 내가 깨달은 나의 삶이 아닐까 싶다.

난 죽을 때까지 이 길을 걷고 싶다.

좋아했던 두 가지,
미술과 음악의 접점

사실 음악에 문외한인 나로서는 우리나라에 수제 기타 제작자가 있다는 사실조차가 흥미로웠다. 대개 기타라고 하면 악기 브랜드로 유명한 외국 제품을 쓰는 거 아닌가 싶었기에 말이다.

"그렇죠. 지금도 기타는 테일러, 마틴, 깁슨 등의 해외 3대 브랜드가 한국에서 애용되죠. 그렇지만 클래식 기타의 경우 수제 제작자 몇 분이 계신 걸로 알고 있어요. 전 포크기타 제작 분야에서 선두주자인 거고요."

클래식 기타에서는 수제 제작자가 이미 있었구나. 그렇다면 우리가 흔히 알고 있는 국내 악기사들은 기타 제작은 하지 않는 건가?

"브랜드는 유지되고 있는데 제작은 전부 중국이나 베트남 쪽으로 넘어갔다고 보시면 돼요. 그쪽 공장에서 전면 생산되고 있는 거죠. 오히려 자가 브랜드 없이 OEM으로 제작만 하는 중소기업은 한두 군데 남아 있는 걸로 아는데, 이마저도 거의 없어지는 분위기예요."

어느새 악기 제작 시장까지도 중국으로 다 넘어갔다니, 새삼 중국의 추격이 무섭다는 생각이 들었다. 한국 기타 시장은 대개 해외 브랜드 공장 기타가 주를 이루고, 클래식의 경우 수제 기타 제작자가 몇 분 계시며, 포크기타는 조동진 씨가 선두주자라는 이야기다. 그러니 이 희귀한 시장에 이토록 젊은 나이에 뛰어든 이유가 뭘까가 가장 궁금했다.

"어릴 때부터 뭔가 만드는 걸 굉장히 좋아했어요. 어찌 보면 달리 좋아하거나 잘하는 게 없었다는 표현이 더 정확할 정도로요. 미술이 가장 좋았는데, 그중에서도 손으로 만드는 게 제일 재미있었어요. 그리고 고등학교 때부터는 음악에 빠져 있었어요. 그러던 어느 날 문득 기타를 직접 만들어보면 어떨까 하는 생각이 들더라고요. 그 순간부터였어요. 수제 기타 제작자의 길이 제 삶 속으로 들어온 게 말이에요."

아버님과 형님 또한 그림 쪽의 일을 하는 예술가 집안에서 태어난 조동진 씨여서일까. 그 역시 어릴 때부터 남달리 미술 쪽, 그중에서도 손으로 만드는 걸 가장 좋아하고 잘했다고 한다. 그러다 이 재능이 음악과 만나서 수제 기타 제작자의 길을 걷게 됐다. 기타 제작이야말로 미술적 재능과 음악적 재능 두 가지가 합쳐져야 가능한 일이니, 조동진 씨에게 딱이란 생각이다. 참으로 좋아하니 잘하게 되고, 그러다 그 일들이 업으로까지 발전한 경우다.

그렇다면 전공 역시 미술이었을까?

"비슷해요. 웹디자인 전공이었어요. 제가 고등학교 다닐 때 IT가 붐이었거든요. 사실 전 사무직 같은 일은 적성에 안 맞아서 고등학교 때부터 웹페이지 만드는 일을 했었어요. 그때 웹마스터들이 한창 주목받을 때이기도 해서 대학도 웹디자인과를 가게 된 거죠. 그런데 1년밖에 안 다녔어요."

어라? 이건 또 무슨 얘기일까?

"1학년을 마쳤는데, 내가 배우는 게 쓸데없는 것들이 너무 많다는 생각이 들더라고요. 그러면서 앞날에 전혀 도움이 안 된다는 생각이 드니까 대학 다니는 거 자체에 회의가 들었죠. 이걸 과연 계속 다녀야 하나, 뭐 그런 회의였죠. 그러다 군대 다녀오고 바로 자퇴를 해버

렸어요."

역시 비슷한 이유였다. 그리고 보면 일찌감치 프리랜서의 길을 걷는 청년들은 대학교 때부터 무언가 자신들 스스로 앞날을 정한다는 면에서 의지와 결단력이 확고하다는 공통점이 있는 것 같다. 확실히 자유로운 영혼들은 그만큼 결단력도 강한 건가 싶다. 그래도 본인들은 그렇다 치더라도 기성세대인 부모님을 설득하긴 쉽지 않았을 것 같은데.

"당연히 반대하셨죠. 그런데 설득이라기보단 제 고집이었어요. 사실 고3 때부터 대학 자체를 그다지 가고 싶어 하지 않았거든요. 그렇지만 부모님께서 가야 한다고 하셔서 억지로 진학한 건데 막상 다녀보니 엄청나게 후회가 되더라고요. 그래서 군대 다녀와서부터는 제 생각을 펼치고 살아야겠다는 신념이 강하게 들었어요."

역시 의지와 결단력이 남다르다. 이 정도 각오와 행동력이 프리랜서의 기본기인가 싶다. 그렇다면 군대 다녀와 바로 기타 제작자의 길로 접어든 걸까?

"그건 아니에요. 한 1년 정도 경찰공무원 시험을 준비하기도 했어요. 그런데 그건 더욱 제 길이 아니라는 생각이 들더라고요. 그러다

우연히 만나게 된 삼익악기의 기타 제작자분께서 개인적으로 제자
로 받아들여주겠다고 하셔서 그분 밑에서 도제처럼 배우려 했어요.
그러던 중에 선생님께서 뇌졸중으로 쓰러지셨어요. 그런데 그땐 이
미 기타 제작의 길로 마음을 굳힌 뒤여서 지금의 선생님께서 하시는
아카데미에 신청했죠. 선생님은 독일에서 정식으로 기타 제작 마이
스터 과정을 공부하고 오셔서 이론과 실무, 양쪽을 다 정통으로 가르
쳐주셨어요. 물론 그만큼 수업료는 비싸지만요(웃음)."

그럼 20대에 이미 기타 제작자의 길로 들어섰다는 것일까? 이탈리
아나 일본 같은 곳은 수제 작업이 워낙 전문화되어 젊은층에서도 이
런 일들을 이어가는 일이 흔하지만, 과연 우리나라에선 어느 정도일
까 하는 궁금증이 일었다.

"선생님 밑에서 2008~9년 2년 동안 공부했는데, 그때가 스물일곱
이었네요. 사실 20대보다는 아무래도 중년층이 더 많았어요. 젊은층
은 시작해도 1년 못 채우고 그만두는 경우가 더 많고요."

이유는 역시 경제적인 것일까?

"그렇죠. 아무래도 우리나라에서 수제 기타 제작자로 먹고 살아가
려면 특히나 이름이 알려지기까지 초창기 몇 년은 불규칙한 수입 등

을 각오해야 하는데, 젊은층은 그걸 버틸 힘이 없는 거죠. 사실 중년층도 완전히 직업 하나로 매달리시기는 좀 힘들어요. 정년 퇴직 후 취미 반, 생활 반 정도로 하시는 분들이 대부분이에요."

역시 아직 우리나라는 수공예라면 수공예라 할 수 있는 이런 분야의 전문성을 인정받기가 그만큼 어렵다는 의미일까?

"그렇죠. 소비층이 전문 뮤지션들이나 취미로 하는 일반인들 두 부류로 나뉘는데, 일반인들의 경우 이쪽 분야 지출은 경기가 안 좋아지면 바로 줄이잖아요. 뮤지션들이야 그분들 역시 전문가의 길을 걷다 보니 경기에 크게 상관없이 좋은 기타를 찾으시지만, 일반인들에겐 어쩌면 굉장히 사치스러운 취미 활동이 되는 거니까 시장 자체가 불안정해요. 이런 시장 상황에선 누구라도 제작자로 이름을 굳히기까지 버티기가 쉽지 않죠."

예술가에게 너무 현실적인 질문만 하는 것 같아 미안한 마음이 들었다. 그렇다면 첫 작품을 만들었을 때의 기분은 어땠을까? 자신의 손으로 만든 기타가 눈앞에 실물로 등장했을 때의 그 기분 말이다.

"신기했죠. 줄을 걸었는데 소리가 나는 것도 신기하고, 내가 만들었는데 완성된 것도 신기하고. 그저 신기했어요."

역시 기타 이야기로 돌아가니 눈빛부터 달라진다. 천상 작품을 만드는 사람이구나 싶다. 그런데 또다시 현실적인 질문을 던져야 했다. 그것도 가장 현실적인 수입 이야기라 아주 난감하다. 흔히들 말하는 또래 연봉, 2,000~3,000을 찍은 게 언제였을까.

"저는 1년 차에 그 정도 했어요."

그럼 이 시장, 대박 시장이란 뜻일까? 어떻게 시작부터 이게 가능했던 걸까?

"아마 희귀성? 혹은 희소성 때문이지 않았을까 싶어요. 제가 처음에 기타 판매를 시작하기 전에 연관 마니아층 사이트에 제작 과정을 연재처럼 올렸거든요. 그런데 이전에는 기타 제작 과정 자체가, 뭐랄까요, 그거 자체가 정보 공개 같은 의미를 띠어서 그런지 공개하시는 분들이 안 계셨어요. 그렇지만 저는 어차피 정보를 노출하지 않는 시대는 아니라는 생각을 했어요. 그리고 제작 과정을 안다고 누구나 만들 수 있는 것도 아니고요. 어쨌든 판매 1년 차에는 이걸 보고 믿음이 간다면서 연락들을 많이 주셨어요."

실례인 줄 알면서도 내친김에 수제 기타 한 대 가격이 얼마인지도 물어보았다.

"100만 원부터 시작해요. 그렇지만 공장에서 나오는 100만 원짜리보단 훨씬 정교하죠. 그리고 180, 250 등 가격은 엄청나게 다양해요. 특히 주문하시는 분들 요구에 따라 많이 다르죠."

고객들이 주문하는 대로 맞춤형 제작이 가능하다는 의미인가?

"그렇죠. 100만 원 하는 기본라인은 완성본을 판매하지만, 그 이후부턴 저는 고객들과 제작 전 소통을 중요시해요. 그분들이 원하는 재료부터 취향 그리고 디자인까지도. 가능하면 고객의 개성이 담긴 정말 나만의 기타를 만들어드리고자 소통을 엄청나게 중요시하죠. 그게 공장용 기타와 가장 다른 점이라고 생각해요."

예전에 흔히들 말하는 수공예 작품을 만드는 분들을 장인이라고 할 때, 그분들은 때로 자신의 작품에 대한 자부심이 너무 강해서 고객과의 소통에 어려움을 겪는 경우가 있었다고 한다면, 조동진 씨는 정보 공개부터 고객과의 소통까지 기존의 틀을 과감히 깨트리고 자신만의 길을 만들어가고 있다는 생각이 들었다.

그렇다면 1년 차에 또래 연봉을 기록했으니, 2년 차부턴 점진적인 증가세를 이루고 있을까?

"꼭 그렇진 않아요. 저는 2~3년 차가 좀 힘들었어요. 특히 3년 차가 많이 힘들었어요. 아까도 말씀드린 것처럼, 이 시장이 수요가 참 불안정한 시장이에요. 첫해는 정말 운이 좋았던 거죠. 경기가 안 좋아지면서 온라인 마케팅 효과도 어느 정도 사라졌고, 그 영향으로 정신적으로나 물질적으로 힘든 시간을 보냈습니다."

어떻게 극복할 수 있었을까?

"극복했다기보단 전 그냥 버텨내는 거라 생각해요. 우선 레스토랑에서 요리사로 아르바이트를 했어요."

저런, 전혀 예상하지 못했던 이야기다!

"원래 미술, 음악 다음이 요리였어요(웃음). 그리고 사실 2~3년 차에는 주문도 줄어들면서 외부 활동도 따라서 줄다 보니 사실 혼자 모든 걸 생각하고, 혼자 모든 걸 해결해야 하는 정신적 어려움도 컸거든요. 프리랜서라는 길이 원래 그렇잖아요. 철저히 자신을 관리하지 않으면 한없이 늘어지거나 처질 수도 있는 위험 부담이 있으니까요. 그럴 때 레스토랑에서 요리사 아르바이트를 하면서 저하고는 다른 분야의 분들도 만나고, 이야기도 나누고 한 게 힘이 됐어요. 물론 금전적으로도 도움이 됐고요."

그러니까 프리랜서로서 아직 자신의 브랜딩을 확실히 구축하기 전 누구나 겪어야 하는 과도기적 시간을 조동진 씨는 또 다른 취미인 요리를 통해 물질적으로나 정신적으로 그 시간을 버텨냈다고 말하고 있다.

그렇게까지 하면서 버텨낸 이유가 뭘까?

"꿈이라고 생각해요. 전 이제는 죽을 때까지 기타를 만들고 싶다는 꿈을 갖고 있거든요. 앞으로도 만약 또다시 힘들어지면 다른 일로 돈을 벌지언정, 기타 제작은 손에서 놓지 않으려고요."

그토록 소중한 일이라니…. 이토록 자신의 인생에서 중심축이 되는 일을 찾았다면, 정말이지 그 일을 지키기 위해 잠시 잠깐 다른 일을 한들 얼마든지 그 시간을 버텨낼 수 있을 것 같다. 정말 행복한 청년이라고나 할까.

그럼 지금도 요리 아르바이트는 계속하는 걸까?

"아니에요. 그건 2~3년 차 동안만요. 그 후 상황이 서서히 다시 좋아졌고, 2015년 2월부턴 기타 제작 아카데미를 시작했는데 이 부수입라인이 비교적 안정적으로 돌아가 주고 있어요. 이전에도 기타 제작을 가르쳐보라는 문의나 제의가 들어왔었는데, 아무래도 제 경험이 조금 더 쌓여야 한다고 생각했거든요. 5년 차가 되니까 이제는 가르쳐도 되겠다는 생각이 들어서 시작했어요."

확실히 이럴 때 보면 영락없는 장인정신이 배어 나온다(하지만 조동진 씨가 인터뷰 내내 절대 기타장인이라는 말만큼은 사용하지 말아달라 신신당부를 했고, 나 역시 약속을 한 터라 그 단어는 가능한 한 쓰지 않으려 하는데 조금 아쉽다. 조동진 씨야말로 사실 누구보다 철저한 장인정신을 지닌 분이라는 생각이 들었기 때문이다).

아무튼, 제작 2~3년 차에는 아르바이트로 수입 다각화를 모색했다면 프리랜서 5년 차부터는 자신의 전문 분야를 살린 수입 다각화가 진행됐음을 확인할 수 있었다. 전작 《1인 회사》에서 밝힌 수입 다각화 과정을 정확히 보여주는 사례라 할 수 있겠다. 1인 지식기업가들이 처음에는 자신의 분야와 아르바이트를 섞어서 하다가, 어느 시점부턴 자신의 전문 분야에서 하나의 수입 파이프라인만 형성되다가, 그다음 어느 순간부터 전문 분야를 활용한 다양한 수입 파이프라인이 형성되는 과정 말이다. 즉, '수입 다각화 – 수입 집중화 – 수입 다각화' 과정이다.

2014년부턴 상황이 서서히 나아졌다고 하는데, 특별한 이유가 있었던 걸까? 시장 상황이 좋아진 걸까?

"그보단 그때부터 제가 서서히 알려지기 시작했어요. 그 이전부터 여기저기서 조금씩 인터뷰도 들어오고. 이미 구매하신 분들이나 뮤지션분들이 다른 분들께 소개도 해주시고. 한마디로 구매하는 분들도 이전보다 다양해지고, 그러면서 동시에 저도 서서히 알려지고 그랬어요."

이전에는 마니아 카페가 주 판매 루트였다면 어느 순간부턴 입소문을 타거나 잡지 인터뷰 등을 보고 찾아오는 등 판매 루트 자체가 다양해진 결과라는 얘기다. 역시 다양한 경로에서 이뤄지는 홍보의 힘이라고나 할까. 역시 여기에서도 중요한 것은, 이전에는 스스로 자신을 알리는 일에 힘썼다면, 프리랜서 3년 차가 지나가면서 입소문이나 기타 잡지 인터뷰 등 타자에 의한 마케팅 효과가 발생하기 시작한다는 점 또한 주목해볼 필요가 있다.

자신의 길 또한 성품처럼 조용조용 차곡차곡 쌓아오고 있는 조동진 수제 기타 제작자. 그에게 과연 멘토란?

"딱히 한 분의 멘토는 없었어요. 그냥 저는 아무래도 다양한 분들과 만나서 다양한 이야기를 나누며 영감을 얻는 걸 더 좋아해요."

역시나 멘토는 없다는 답변이다. 이젠 놀랍지도 않다. 그렇다면 내 인생의 책은?

"《바가바드 기타》라는 인도 경전이요. 마음이 힘들 때마다 읽으면 고요하게 해주죠. 그렇잖아요. 마음이 힘들다는 건 그만큼 조급함이 있어서 그런 거고, 조급함이 생긴다는 건 결국 내 안의 욕망에 휘둘린다는 것이고…. 그래서 그런지 전 이 책을 늘 가까이하고 있어요. 그럼 마음이 편해지면서 나무를 깎는 그 자체가 마치 제겐 요기들의 수행처럼 느껴지기도 해요."

어쩐지 나이답지 않게 침착한 성품이란 느낌이 들었는데 역시나 읽는 책이 다르다. 정말 이 길이 자신의 천직이라는 느낌이 들었다. 그런 그가 후배들에게 해주고 싶은 말은 과연 무엇일까?

"시작은 여유롭게, 그러나 일단 뛰어들면 강한 정신력으로 버티라고 말해주고 싶어요. 어린 시절 만약 자신만의 한 분야를 정해서 뛰어드는 거라면 너무 조바심내서 세상에 빨리 나를 드러내려 애쓰지 말라고 말해주고 싶어요. 충분히 자신만의 분야에서 여유를 갖고 실력을 갈고닦은 뒤에 나아가도 늦지 않다는 거죠. 다만, 반대로 일단 세상에 뛰어든 후에는 강한 정신력으로 자신의 것을 지키며 결코 뒤로 물러서지 말고 앞으로 나아가라고 당부하고 싶어요. 어쩌면 저 자신한테 늘 하는 말인지도 모르겠어요. 프리랜서의 길이라는 게 원래 굉장히 외로운 길이기도 하잖아요. 그러니 한편으론, 외로움이 아주 좋다고 느낄 정도의 정신력을 갖춰야 해요."

서른두 살 청년이라기엔 이미 자신만의 견고한 세상을 구축한 느낌이 드는 건, 어쩌면 지난 5년 시간이 기타 제작자로서만이 아니라 그 자신을 성큼 성숙시킨 결과가 아닐까. 이런 청년이라면 중년의 나이가 되어도 외부 상황에 그다지 흔들리지 않으리라는 생각을 하면서 긴 인터뷰를 마쳤다.

1인 지식기업가로 가는
실행 로드맵 점검

➡ 로드맵 1: 꿈 혹은 천직을 찾았는가?

아르바이트하면서 버티는 한이 있어도 죽을 때까지 기타 제작을 하고 싶다고 한다. 이보다 더한 꿈이나 천직이 있을까 싶다.

➡ 로드맵 2: 그 일이 자신의 성격과 기질에 맞는지 충분히 검토했는가?

어릴 때부터 좋아하고 잘하는 건 미술, 그중에서도 손으로 만드는 것밖에 없었다고 표현할 정도다. 그러면서 고등학교 때 음악과 악기에 심취하던 어느 날 문득 내 손으로 악기를 만들어보면 어떨까 하는 생각이 들었다고 하니, 정말이지 자신의 기질과 재능에 딱 맞는 천직을 찾은 경우라고 할 수 있겠다.

➡ 로드맵 3: 천직의 시장성을 검토했는가?

기타 시장이라고 하면 결코 대중적인 시장은 아니라 할 수 있을 듯하다. 전문적인 뮤지션들이나 일반인 중 상대적으로 고가의 취미 활동을 할 수 있는 사람들이 잠정적 구매고객이니 말이다. 하지만 국내 포크기타 제작 분야에서 선두주자라는 타이틀이 말해주듯이 조동진 씨는 자신만의 블루오션 개척자임에 틀림이 없다. 관건은 그 자신이 말하는 것처럼, 스스로 얼마나 브랜딩 파워를 쌓아올릴 수 있느냐 하는 것이겠지만 말이다.

➡ 로드맵 4: 천직이 필살기 수준까지 도달하도록 수련했는가?

그냥 미술이나 음악을 좋아하고 가까이한 시간을 제외하고 전문적으로 기타 제작자의 길을 걸은 것만 계산해도 2015년 현재 5년 차. 1만 시간의 법칙으로 따져도 충분히 자신의 필살기는 갖추었다고 판단할 수 있다.

➡ 로드맵 5: 최소한의 생존경비는 확보하고 시작했는가?

프리랜서의 공통점이자 장점 중 하나가 그다지 큰 생존경비를 확보하지 않고도 시작할 수 있다는 점이다. 물론 조동진 씨는 재료비나 작업실 등에 고정경비 지출이 계속되는 건 사실이다. 하지만 본인의 의지만 확고하다면 상황이 어려울 경우 아르바이트를 하면서까지도 버텨낼 수 있는 분야가 바로 프리랜서의 길 아닐까.

➡ 로드맵 6: 초기 수입의 다각화를 모색했는가?

조동진 씨는 상황이 어려워지자 바로 아르바이트를 하면서 기타 판매 수입 외에 추가로 수입 포트폴리오를 만들었다. 그러다 입소문과 다양한 매체를 타고 홍보가 되자 다시 기타 판매 하나로 수입 파이프라인을 집중했으며, 2015년 2월부터는 기타 제작 아카데미를 개설하여 자신의 전문 분야로 수입 다각화를 진행했다. 비로소 프리랜서로서 인지도가 어느 정도 구축된 결과라 할 수 있겠다.

➡ 로드맵 7: 멘토가 있었는가?

역시 없었다. 역시라는 표현을 쓰는 이유는, 지금까지 인터뷰이들 대개가 멘토는 없다는 답변이 강세였기 때문이다.

➡ 로드맵 8: 1인 지식기업가 초창기, 나보다 큰 커뮤니티에서 채널 마케팅을 시작했는가?

처음부터 현재까지 마케팅 역시 가장 정석적인 루트를 따르고 있다. 우선 처음에는 마니아층 카페에 알리는 개인 마케팅 전략에 집중했고, 이후부턴 입소문이나 신문 · 잡지 인터뷰 등을 통한 타자에 의한 호응 마케팅 효과를 얻고 있다. 전형적으로 무명에서 브랜딩 파워 구축의 길로 나아가고 있다.

➡ 로드맵 9: 개인 마케팅의 정점인 책 쓰기를 시도했는가?

자신의 책을 쓰기보다는 기존의 마니아층 카페에 연재하는 것을 중단하고 자신의 홈페이지를 구축했다고 한다. 그리고 이곳에는 글이 아닌 이미지 중심으로 자신을 알리고 있다 하니 단계별로 필요한 마케팅 전략을 적절히 구사하고 있는 셈이다. 그런가 하면 이미 인터뷰 요청이 들어오고 있다 하니, 언젠가 조동진 씨만의 단독 책을 서점에서 만난다 해도 그다지 놀라운 일은 아닐 듯하다.

미니미소는
무섭고, 어둡고, 피하기만 하던 장례에서
이제는 내 옆에 함께하는 새로운 장례문화로 변화하는
납골당/봉안당의 새로운 문화 콘텐츠입니다.
한 사람 한 사람의 생전 삶의 이야기를 제작해주는 미니미소.

- 현 미니미소 대표
- 상조 관련 박람회에 참여 후 추모관 입점, 상조회사 협약 판매 중

– www.mini-miso.com

6장

자기확신의 힘

: 구승연(봉안당 미니어처 제작자) :

기억이 사랑이다

"여보세요. 흑흑흑… 흑흑흑…"

분명 전화는 거셨지만, 말씀을 못 하신다.

의뢰인들 대부분이 봉안당에 고인이 좋아하던 것을 넣어드리려는 마음이기에 어느 정도 슬픔이나 아픔이 전해져오는 경우가 많기는 하지만, 이분은 그중에서도 슬픔이 크시다. 감당하기 어려운 슬픔이라는 게 전화기를 넘어 고스란히 전해진다.

듣는 것만으로도 이렇듯 마음이 아픈데, 정작 본인은 얼마나 마음이 아플지…. 나조차 한마디 말도 못 하고 그저 잠시 침묵으로 공감을 전할 수밖에 없다. 이렇게라도 슬픔이 조금이라도 덜어지기를 바라는 마음을 담아 간절히….

"여보세요…"

얼마간의 시간이 지나 드디어 말씀을 시작하신다. 하지만 슬픔이 너무 진해 마치 영원히 계속될 것만 같다.

"네, 말씀하세요."

"우리 아이가요, 우리 아이…."

그분은 다름 아닌 항간을 떠들썩하게 했던 S호 사건 학부모님 중 한 분이셨다. 어쩐지 그 아픔이, 애끓음이 너무도 진하더라니…. 그 아이 봉안당이 마련되면 생전에 아이가 좋아하던 것 모두를 넣어주고 싶다고 하신다. 그런다고 그 아픔이 사그라질 순 없겠지만, 그렇게라도 자식을 그리고 애태우는 부모 마음이 오죽할까 싶어 전화기를 든 내 손도 자꾸 떨린다.

이 일을 하다 보면 고인의 가족을 늘 만나게 된다. 살아생전 조금 더 잘해 드리지 못한 걸 안타까워하시며, 고인들이 좋아하셨던 것을 미니어처로 만들어서 고인 곁에 놓아드리고 싶다는 애타는 심정을 늘 대하면서 나 또한 죽음 앞에서 삶을 다시금 배우게 된다.

그저 미니어처 만드는 일이 좋아서 시작한 일이었고, 한동안은 취미로만 하며 이 회사 저 회사를 경험하며 돌아왔다. 이제 와 생각하니 그 여정 전부가 지금의 봉안당 미니어처 비즈니스를 위한 바탕이 된 셈이었다. 이래서 삶은 살아볼수록 묘하다는 생각이 들기도 한다.

그래서인 것 같다. 수많은 죽음과 고인의 가족들을 뵈면서, 죽음 뒤 고인을 너무 아프게 마음에만 묻어두지 말았으면 하는 마음이 생기기 시작한 것 말이다. 헤어짐이란 늘 슬프고 아픈 일이겠지만, 언젠가 살아 있는 우리 모두 또한 떠나야 할 길이겠기에, 내가 살아 있는 동안이라도 누군가의 삶을 기억해주는 것. 그것이 고인에 대한 가장 아름다운 사랑이 아닐까 하는 생각 말이다.

지금의 이 일이 나를 어디로 이끌어갈지는 아직 잘 모르겠지만, 지금까지 내 삶이 여기까지 저절로 인도되어왔음은 알 것 같다. 이 일은 그러니까 누구도 아닌, 내가 꼭 걸어야 하는 나의 길인 것이다.

모든 여정이
하나의 새로운 문화로

봉안당 미니어처 대표라는 말을 들었을 때 두 가지 면에서 놀랐다. 하나는 미니어처라는 비즈니스 모델도 생소한데 그걸 봉안당이란 곳에 판매한다는 사실이었고, 또 하나는 어딘가 신세대들이 관심을 가질 것 같지 않은 비즈니스 모델을 신세대 중에서도 아름다운 미모의 여자 대표가 이끌어간다는 사실이었다. 나 자신이 여자이면서도 어쩔 수 없이 여성에 대한 고정관념이 아직도 남아 있는 것 같다. 그래서였는지 자리에 앉자마자 아직 숨도 돌리기 전인 구승연 대표에게 도대체 어떻게 미니어처라는 사업모델을 생각하게 됐으며 그걸 또 세상 그 어느 곳도 아닌 봉안당에 판매하게 됐는지 따발총처럼 질문을 쏟아냈다.

가장 먼저, 미니어처를 처음 접한 건 언제였는지?

"대학교 때 처음 접했어요. 제가 애니메이션 학과를 나왔거든요."

애니메이션 학과에서 미니어처를 배우나?

"네. 미니어처로 만든 영화가 나오면서 애니메이션 또는 영화에 미니어처 세트를 넣어 촬영을 많이 하게 되었거든요. 제가 학교 들어가던 당시 그쪽 분야가 한창 뜨기 시작할 때였어요. 제가 컴퓨터 강사여서 컴퓨터 쪽은 좀 아는데 컴퓨터 디자인이나 3D 쪽은 잘 몰라서 그쪽을 배우려고 애니메이션 학과에 들어갔고, 거기서 미니어처를 처음 접하게 됐죠."

컴퓨터 강사? 그럼 학교 들어가기 전에 이미 일을 했다는 의미인 걸까?

"네. 저는 실업계 고등학교를 나왔어요. 지금까지도 제가 저희 부모님께 가장 감사드리는 것 중의 하나가 저희 키우시면서 이래라, 저래라 심하게 간섭을 하지 않으셨다는 거예요. 대신 저희를 믿어주시면서 철저히 각자 인생에 대해 스스로 책임감을 지니도록 하셨죠. 저는 중학교 때까지 공부에 그다지 취미가 없었어요. 그런데 실업계 고등학교에 간 뒤에 오히려 그때부터 공부에 취미를 붙이기 시작했어요. 그때가 한창 자격증 시대이기도 해서 부기 자격증, 워드 자격증, 컴퓨터 활용자격증 등을 하나씩 둘씩 취득했죠. 성취감이 생기니까 아침부터 저녁까지 쉬지 않고 공부를 하는데도 재미있더라고요."

역시 공부는 스스로 깨쳐서 할 때가 그 사람에게 최상의 시기인 것을. 정말이지 어릴 때부터 반강제적으로 이뤄지는 '학원 뺑뺑이 돌리기'는 분명해 개선해야 하는 문제다.

구 대표의 다음 행보가 부쩍 궁금해진다. 그렇게 공부에 취미가 붙어서 대학에도 진학하게 된 걸까? 아까 분명 컴퓨터 강사를 했다고 한 것 같은데…?

"네. 맞아요. 컴퓨터가 너무 재미있어서 학원에서 살다시피 했는데 어느 날 학원에서 '너 강사 한번 해볼래?' 하시는 거예요. 그때가 고등학교 3학년 때이기도 해서, 그때부터 아예 일자리를 학원 강사 쪽으로 잡은 거죠."

이거야말로 흔히들 말하는 좋아하는 일을 하면 잘하게 되고, 잘하다 보면 길이 열린다는 게 딱 들어맞는 경우가 아닌가. 게다가 대학교도 아닌 고등학교도 졸업하기 전에 취업문이 열리다니. 참으로 놀랍다는 생각이 든다.

그렇게 약 2년 반 정도를 학원 강사로 사회 경험을 쌓은 뒤 구 대표는 자신이 좋아하고 원하는 애니메이션 학과를 지원해 대학교에 진학했다. 자신이 진정으로 좋아하는 분야를 찾아 1~2년 정도 먼저 사회 경험을 하고 대학을 진학하는 길. 어쩌면 기존의 우리 사회에선 보기 드문 진학 코스라고 할 수 있는데, 한 번쯤 고려해봐도 좋지 않을까 하는 생각이 들었다.

자신이 원하는 분야와 학과를 찾아서였을까. 구 대표는 대학교 1학년 2학기 때부터 담당 교수님 추천으로 학교 내 창업보육센터에 뽑혀서 애니메이션 디자이너 일을 시작했고, 그때 처음으로 미니어처를 만나게 됐다고 한다. 그때만 해도 그 일이 먼 훗날 자신이 걸은 모든 여정을 하나로 모아 꽃피워줄 일이 될 거라고는 상상도 하지 못한 채 말이다.

학교 졸업 후, 일단은 게임회사의 애니메이션 디자이너로 다시 사회생활을 시작했다. 자신의 사업을 창업하기까지 기획자와 마케터의 길까지 두루 섭렵하며 마치 사회생활의 모든 분야를 준비하는 듯한 행보를 이어갔다. 마치 이 모든 일이, 자신 안에서 북극성을 찾아내면 이후 모든 행보는 그곳을 향해 자연스레 흐르는 것처럼 말이다.

그렇다면 우선 기획자로의 커리어 전향은 언제 일어나게 된 걸까?

"애니메이션 디자이너로 일하면서 실장까지 올라갔는데 아무래도 제가 그림 전공자는 아니니까 저 스스로 한계를 느끼겠더라고요. 그래서 회사 사장님께 솔직하게 말씀드렸어요. 저는 어디서든지 제가 필요한 사람이 아닌데 월급을 받는 건 무척이나 싫었거든요. 그랬더니 사장님께서 그럼 기획자로 전환해보겠느냐고 말씀하시더라고요. 그때부터 기획팀으로 돌려서 웹 기획도 하고 게임 기획도 하고 팀 간 문제도 해결하는 등 기획자의 길을 걷기 시작했어요."

디자이너로서 한계를 느껴서 다니는 회사 사장에게 스스로 이야기를 한다…. 스스로에 대한 믿음과 그 믿음이 형성되기까지 스스로에 대한 자신감이 없이는 현실에서 쉽게 행할 수 있는 일은 아니라는 생각이 들었다. 자신의 한계점을 외면하거나 피하지 않고 정면으로 부딪칠 때, 그때 비로소 또 다른 기회 혹은 성장의 문이 열리는 것이 아닐까 하는 생각이 들게 하는 구 대표. 겉으로 보기엔 조용하고 얌전한 분위기지만 참으로 내실 깊은 실력가라는 생각이 들었다.

그런 그녀가 한동안 웨이크보드에 푹 빠져 살았다고 하는데, 취미였던 걸까?

"취미였기는 한데 한동안 빠져 있을 때가, 뭐랄까요, 제가 직장생활 하면서 가장 바닥이란 느낌이 들 때였어요. 그러니까 웨이크보드가 좋기도 했지만, 혼자만의 시간이 필요했던 시기이기도 했어요. 모바일이나 웹디자인 쪽 회사들이 그렇거든요. 그때만 해도 벤처 붐이 일어서 우후죽순 생기는 회사들은 많았지만, 막상 견고하고 탄탄히 성장해가는 회사는 많지 않고. 그러다 보니까 일은 정말 열심히 했는데도 어떤 때는 월급도 제대로 못 받은 적도 있거든요. 그래서 사실 표면적으론 웨이크보드에 빠져 살았지만, 실은 엄청나게 생각을 많이 한 시기였죠. 그러면서 '지금까지의 타이틀을 다 내려놓고 새로 시작하자'라는 결론에 도달하게 됐어요. 그러고는 대기업 계약직으로 들어갔어요."

작다고는 하지만 그래도 나름 실장급 이상의 타이틀을 달고 일하다가, 아무리 대기업이라고는 하지만 계약직으로 일을 시작하는 건 절대 쉽지 않았으리라. 이 또한 엄청난 용기가 필요했을 것이다. 어쩌면 이 시점이 창업 이전의 구 대표 커리어에선 한차례 전환기가 아니었을까 싶은데, 그만큼 대기업에서의 시간이 가치가 있었을까?

"제가 사수 운이 좋았어요. 계약직으로 들어갔는데도 정직원처럼 일을 가르쳐주셨거든요. 그래서 이전 회사들에서는 잘 접해보지 못했던, 어떤 의미에선 기업 간 메일을 어떻게 보내야 하는지 등의 사소한 부분까지 말 그대로 처음부터 다시 배울 수 있었어요. 그때 배운 것들이 지금까지도 도움이 돼요."

그러니까 한 사람이 많은 걸 해야 하는 작은 규모의 벤처기업에서 멀티 태스킹 능력을 길렀다면, 시스템에 따른 역할을 잘 해야 하는 대기업에선 비즈니스 전반에 대한 매너나 흐름을 배울 수 있었다는 말이겠다. 다양한 분야를 경험해본 사람만이 갖출 수 있는 총체적 경험이 아닐까 싶다.

그러나 구 대표의 굴곡은 아직 끝이 아니었다. 그렇게 3년간 대기업의 계약직 일을 발판으로 다른 대기업 정직원으로 옮긴 지 2년 차에 그 회사가 부도를 맞이했다. 때마침 집에서도 나와 독립해 있던 구 대표, 오래도록 잊었던 미니어처를 다시 손에 잡는 계기가 됐다고 하는데….

"회사가 부도처리가 나서 잠시 쉬고 있기도 했고, 마침 집에서도 독립하기도 했고 해서 뭘 할까 하다 미니어처를 다시 찾게 된 거죠. 학교 다닐 때 워낙 좋아했었는데 당시는 작품 만드는 재료비도 너무 비싸고 해서 학생 신분으로는 감당하지 못했거든요. 다시 취미로 시작했는데도 아주 좋더라고요. 그래서 이제는 취미로라도 계속하면서 나중에는 공방을 차려야지 하고 생각했어요. 제가 예전에 컴퓨터 강사를 할 때도 누군가를 가르치는 일이 참 재미있었거든요. 미니어처를 만드는 것도 재미있고 가르치는 일도 좋아하고 하니까 공방을 차리면 참 즐겁겠다는 생각이 든 거죠. 그런데 신기한 게, 그즈음 '카페24'라는 온라인쇼핑몰회사에 온라인 마케팅 기획자로 들어가게 된 거예요."

바야흐로 창업까지 마지막 한 걸음을 남겨두고 그야말로 적기에 적소를 찾은 셈이다. 참으로 절묘하다는 생각이 든다. 그렇게 카페 24를 거치고, 다음 회사를 끝으로 드디어 창업의 길로 들어선 구 대표. 가장 큰 계기는 무엇이었을까?

"많은 회사를 다녔는데 그때마다 회사들의 흐름에 따라 제 삶도 흔들리는 게 너무 지겨웠어요. 사실 돈이라는 게 살아보니까 적게 벌면 그냥 적게 버는 대로 또 살아지더라고요. 그보단 그냥 제 삶의 패턴을 저 스스로 만들면서 살고 싶다는 생각을 하게 됐어요."

사실 참으로 중요한 포인트라는 생각이 든다. 개인들이 회사에 몸 담는 가장 큰 이유 중 하나가 비전이나 목표를 이룬다는 등의 거창한 것보다는 밥벌이가 대부분일 텐데, 이제는 실상 현실에서 그 부분을 보장받을 수가 없게 됐다. 예전의 평생 고용이란 말은 백과사전에나 등극해야 할 용어가 되어버린 현실 아닌가. 일정 부분 이런저런 경험을 쌓기 위해서 회사생활을 하는 건 분명 필요한 일이겠지만, 그 기간에도 역시 자신의 앞날을 꾸준히 모색해야 한다는 것이 현시대 개인들 앞에 놓인 가장 큰 과제가 아닐까.

다시 구 대표의 이야기로 돌아가서, 마치 미니어처 사회생활을 하듯 그간 이런저런 여정을 걸어온 그녀가 시작부터 봉안당 전문업체였던 걸까?

"그건 아니었어요. 처음엔 아기들 돌상을 타깃으로 했어요. 그래서 호텔마다 제안서도 돌리고 했는데 연락이 없더라고요. 그러던 중 블로그를 통해 봉안당에 넣을 물건에 대해 주문이 들어온 거죠. 생전 커피를 좋아하시던 고인을 위해 커피 자판기를 만들어달라는 주문이었는데, 순간 이거 굉장한 아이템이다라는 생각이 들더라고요. 새로운 길이 열리는 느낌이었어요. 그래서 그때부터 타깃을 봉안당으로 잡기 시작했죠."

그러니까 전혀 기대하지 않았던 곳에서 문이 열린 셈이었다. 마치 보이지 않는 흐름에 의해서 스스로 길이 만들어졌다고나 할까. 그러나 이런 우연 같은 필연이 생겨난 가장 큰 이유는 그간 구 대표가 차곡차곡 길을 쌓아온 결과이리라. 이 세상에 그냥 우연은 없기에.

그렇다면 이 정도 상업성 있는 작품을 만들기까지 어느 정도 배우면 되고, 그동안 재료비는 어느 정도 드는 걸까?

"아무래도 손으로 작품을 만드는 일이다 보니 정말이지 손재주에 따라 시기는 천차만별이죠. 그렇지만 중급 정도 이상이 되면 그때부턴 진짜 스스로 얼마나 연습하느냐에 따라 확연히 달라져요. 빠르면 1년, 늦으면 2년 정도면 어지간한 수준들에는 도달하는 것으로 보여요. 그 정도 잡았을 때 교육비랑 재료비 합해서 500~1,000만 원 정도 들어가죠."

그렇게 미니어처 수공예자가 된 이후 행보는 어떨까? 만약 창업하지 않는다면 달리 어떤 길이 있을 수 있을까?

"다른 공방이나 백화점 등에서 강사로 활동하시는 분들도 계시고요. 학교 강의나 영화 제작 혹은 CF 등에 작품을 판매하시는 분들도 계시죠. 특수한 예로 아동 출판물 분야도 있어요. 배경 그림으로 미니어처를 만들어서 활용하는 책들도 있거든요."

아무래도 영상미디어가 점점 발달하는 시대이니만큼 앞으로는 지금까지 생각하지 못했던 훨씬 더 다양한 분야에서 수요가 창출될 수도 있겠다는 생각이 들었다.

2014년부터 미니어처라는 독특한 소재로, 봉안당이라는 자신만의 틈새시장을 개척해서 명실공히 미니어처업계에선 최초의 비즈니스 모델을 만들어낸 구 대표. 매출은 어느 정도일까?

"네. 작년(2014년) 첫해 매출이 2,600만 원이었어요. 그리고 올해는 일단 4월 말에 2,600을 찍었고요. 그런데 작년을 보니 여름에는 매출이 뚝 떨어지더라고요. 특히 올해는 메르스로 더 심했던 것 같고요. 그러다 작년을 보니, 겨울이 되면 빠르게 상승하더군요. 계절을 심하게 타는 비즈니스예요."

그렇다면 4월에 이미 전년도 매출을 찍었으니, 2015년 2년 차에 이미 2배 이상의 성장을 바라본다고 할 수 있겠다. 소규모 창업치고는 탄탄한 출발이다. 혹 정부지원 같은 건 없었을까?

"네, 받았어요. 제가 서울시에서 주최하는 챌린지1000 프로젝트에 선발되어서 강남청년창업센터로 배정됐거든요. 거기서 사무실 공간이랑 지원금을 받았어요. 거기서 박람회 지원도 해주고, 소소한 마케팅 지원도 해주었어요. 무엇보다 아이템이 다른 대표님들을 만나 다양한 아이디어를 교환하기도 하는데, 그것도 굉장히 도움이 돼요."

아무래도 모든 걸 혼자 해야 하는 사업 초창기에는 지원금 자체도 중요하지만 그 외 박람회 등의 마케팅 지원이나 같은 입장에 있는 다른 대표들과 서로 지지대가 되어줄 수 있다는 게 큰 힘이 될 수 있겠다는 생각이 든다.
그런 구 대표에게 멘토는 있었을까?

"멘토는 없어요. 아마 저 자신에 대해 스스로 많이 생각하기도 하고 믿기도 해서 그렇겠지요. 한 분의 멘토를 두고 따르거나 하지는 않고 이럴 땐 이분과 이야기 나누고, 저럴 땐 저분과 이야기 나누고. 뭐 그렇게 잔잔하게 푸는 것 같기도 해요. 어쨌든 제 인생의 멘토, 이런 분은 없어요."

한 사람의 멘토도 없이, 이런저런 회사들을 경험하며 우여곡절을 쌓아오며 길지 않은 시간을 버텨온 구 대표만의 힘이 무엇이었을지 궁금해졌다. 인터뷰 내내 분명 스스로에 대해 결단력 있고 용기 있는 모습을 보여준 그녀는 과연 어떤 말을 해줄는지.

"저 자신을 믿었어요. 고비마다 고민도 많이 하고 했는데, 원래 그렇다잖아요. 사람에겐 견뎌낼 수 있는 만큼의 고통만이 주어진다고. 그래서 이겨낼 수 있을 거야, 잘 될 거야라고 최면 걸듯 지나왔는데 정말이지 견디다 보면 다 지나가더라고요."

그런 그녀이기에 앞으로 봉안당 미니어처 비즈니스를 단순한 비즈니스가 아니라 봉안당의 새로운 문화콘텐츠로 만들어가고 싶다는 말이 모호한 희망으로만 들리지는 않는다. 온라인 기획과 소셜 마케팅을 기반으로 구 대표만의 또 다른 감성 트렌드가 형성되지 않을까.
　그런 그녀에게 내 인생의 책이 있다면 무엇일까?

"이외수 선생님의 《여자도 여자를 모른다》라는 책인데, 제겐 어쩐지 '사람도 사람을 모른다'로 다가오더라고요. 사실 살면서, 그리고 창업 이후에도 계속 느끼는 게 역시 사람과의 관계가 가장 어렵다는 것이거든요. 그런 의미에서 혜민 스님의 《멈추면 비로소 보이는 것들》도 좋아해요. 그중에서도 특히나 사람들과는 너무 가깝지도, 너무 멀지도 않게라는 말씀이 참 다가왔어요. 사실 그렇게 관계 맺기가 가장 어려운 거잖아요."

　역시 나이에 상관없이 자기 사업을 하는 이들은 관계적으로 이미 성숙한 안목을 갖추기 시작하는 것 같다. 1인 지식기업가가 되어 가장 좋은 점이 무엇이냐는 질문에 나만의 시간을 자유롭게 쓸 수 있는 점이라고 한다. 그러면서 그만큼 책임 또한 크기 때문에 한편 두렵기도 하다고 덧붙인다. 지금도 벌써 자유와 책임은 동전의 양면 같은 것이라는 걸 깨달았는데, 청년 창업가들이 10년쯤 뒤 40대가 됐을 때 얼마나 무르익은 이야기들을 해줄지 문득 궁금해지기도 했다.
　끝으로 그런 구 대표가 이제 막 창업 준비를 하거나 사회에 나오려는 인생의 후배들에게 해주고 싶은 말은 무엇일까?

　"두려워하지 않았으면 좋겠어요. 제 말은, 제일 많이 흥미가 가거나 끌리는 일을 두려움 없이 한번 해봤으면 싶은 거죠. 어릴 때는 잘못되거나 돌아가는 것도 다 경험인데, 너무 인생을 허비한다고만 생각들 하시는 것 같더라고요. 그런 만큼 너무 두려워하지 말자, 이 말씀을 드리고 싶네요."

　두려워하지 말자. 이 말이야말로 자기확신을 가진 사람이 아니고선 할 수 없는 이야기가 아닐까 생각하면서 긴 인터뷰를 마쳤다.

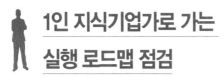

1인 지식기업가로 가는
실행 로드맵 점검

▶ 로드맵1 : 꿈 혹은 천직을 찾았는가?

실업계 고등학교에서 컴퓨터 관련 여러 자격증을 취득하면서 공부의 재미를

느껴 학원에서 살다시피 하다가 고등학교 3학년 때 학원 강사로 취업하게 된

독특한 사례다. 그러면서 그 연장선상에서 결국 컴퓨터그래픽과 3D Max를

공부하고 싶어 대학교 애니메이션 학과에 진학했고, 거기서 자신의 천직이

라 할 수 있는 미니어처를 만났다. 여정부터가 남다르다.

▶ 로드맵 2 : 그 일이 자신의 성격과 기질에 맞는지 충분히 검토했는가?

대학교 1학년 2학기 때부터 교수님께 발탁되어 창업보육센터에서 웹 아바

타 디자인을 시작했다. 그리될 수 있었던 이유를 물으니, "컴퓨터 자격증 때

도 그렇고 한 가지 흥미를 느끼는 분야를 만나면 자신도 모르게 엄청나게 빠

져들기 때문이 아니었을까"라는 답이 돌아온다. 기질에 맞지 않는 일에 이 정도 몰입도를 보여주기는 어렵다고 생각한다.

➡ 로드맵 3: 천직의 시장성을 검토했는가?

대학교 때도 그러하고 훗날 다시 취미로 미니어처를 배울 때도 그러하고 만드는 일과 가르치는 일 두 가지를 접목해서 미니어처 공방을 차리겠다고는 했지만, 사실 이때까지만 해도 봉안당 미니어처 제작이라는 창업을 도모하지는 않았었다. 처음에는 돌상을 타깃으로 창업했는데, 블로그를 통해 봉안당에 넣을 작품의 주문이 들어오는 순간, '이거다'라고 자신이 가야 할 틈새시장을 알아차렸다. 그러나 그 하나의 주문으로 틈새시장을 발견할 수 있었던 것은 웹디자인에서 기획 그리고 마케팅까지 다양한 분야에서 경험을 쌓은 구 대표의 안목 덕분이다.

➡ 로드맵 4: 천직이 필살기 수준까지 도달하도록 수련했는가?

미니어처를 만드는 일만 놓고 보면 어린 시절 대학교 때부터, 그리고 이후 2010년부터 취미로 시작해 2014년 정식 창업까지 충분히 연마의 시간이 있었다고 판단할 수 있다. 창업이라는 쪽을 가늠해봐도 역시나 준비된 사업가라고 할 수 있다.

➡ 로드맵 5: 최소한의 생존경비는 확보하고 시작했는가?

공간의 경우 이미 2010년 독립하여 자신의 오피스텔을 그대로 작업 공간으로 활용할 수 있었다. 상업적인 미니어처를 배우기까지 1,000만 원 정도의 경비가 소요되는데, 이후 강남청년창업센터에 입주하면서 사무실과 지원금까지 확보하면서 자본과 공간에 대한 부담은 거의 없었다고 봐도 무방한 경우다.

➡ 로드맵 6: 초기 수입의 다각화를 모색했는가?

초창기는 실질적으로 미니어처 제작과 공방 운영 두 가지 라인으로 시작했으나, 사업이 본격화되면서 공방 라인은 지인에게 넘겨주고 현재는 봉안당 미니어처 사업에만 전념하고 있다. 여타 초창기 창업자들이 창업 초기 몇 년간 매출을 발생시키지 못하여 수익구조의 다각화를 적극적으로 모색해야 하는 데 비해, 구 대표는 창업 원년부터 연매출 2,600만 원을 기록하면서 오히려 봉안당 사업에 집중하는 전략을 선택한 것으로 보인다.

➡ 로드맵 7: 멘토가 있었는가?

다양한 회사에서 다양한 분야를 경험하면서 이런저런 굴곡과 고비들을 겪을 때마다 구 대표는 항상 자신을 믿으며 그 난관들을 헤쳐나왔다고 한다. 그런 만큼 누구보다 자기확신이 강했고, 그 힘으로 지금까지 걸어왔다. 지금까지 그랬듯이, 앞으로 10년 정도의 시간을 두고 새로운 봉안당 문화를 생성해보고 싶다는 그림을 그리고 있다. 이런 큰 그림을 위해 걸어왔나 싶을 정도로, 참으로 단단한 청년 창업가란 느낌이다.

➡ 로드맵 8: 1인 지식기업가 초창기, 나보다 큰 커뮤니티에서 채널 마케팅을 시작했는가?

미니어처라는 분야 자체가 아직 생소하고 봉안당 사업은 더욱 그러하기에 사실 구 대표가 소속되어 활동할 만한 채널 마케팅 조직은 없다고 볼 수 있다. 대신 서울시에서 주관하는 챌린지1000 프로젝트에 뽑혀서 강남청년창업센터에서 활동한 일이 박람회 출전이나 기타 소소한 마케팅 및 다른 창업자들과의 네트워킹에 도움이 됐다고 한다.

➡ 로드맵 9: 개인 마케팅의 정점인 책 쓰기를 시도했는가?

이제 창업 2년 차인 만큼 자신의 이야기를 책으로 쓴다는 생각은 해본 적이 없다고 한다. 그렇지만 인터뷰하면서 몇 년 내로 구 대표의 미니어처가 봉안당 문화를 어찌 변화시켜가는지에 대한 그녀만의 단독 책을 서점에서 만날 수 있길 내심 기대하게 됐다.

- 현재 키노빈스 대표
- 서강대학교 신문방송학과 졸업
- 아동뮤지컬 〈노틀담의 곱추〉 콰지모도 역 외 다수
- 독립단편 〈데쓰페라도〉 조연출 외 다수
- 2015년 제2회 단편영화 페스티벌 개최
- 2015년 키노빈스 아루페관점(서강대) 오픈

– www.kinobeans.com

7장

융합의 힘

: 이근욱(키노빈스 대표) :

카페야, 극장이야?

"여기가 거긴 거지? 한국에서 유일하게 그 영화를 볼 수 있는 곳?"

"응, 맞아. 이 영화 꼭 보고 싶었는데, 여기밖에 개봉을 안 해."

"그게 어디야. 이렇게라도 틀어주는 곳이 있으니 천만다행이지. 신난다, 얼른 들어가자."

"어라? 이게 뭐야? 카페야, 극장이야?"

"카페이기도 하고, 극장이기도 합니다. 어서들 오세요."

그렇다. 키노빈스는 말 그대로 극장도 되고 카페도 되고 그 어떤 놀이터로도 변신할 수 있는 어른들을 위한 놀이터다.

요즘은 어른은 말할 것도 없고, 어릴 때부터 놀이를 빼앗기며 커가는 것 같다. 그래서일까. 우린 어른이 되어서도 잘 놀 줄을 모른다. 사실 사람들에게, 특히 한국인들에게는 먹고 노는 흥의 문화가 뼛속 깊이 배어 있거늘 우린 항상 억압상태에서 살아간다. 어쩌면 그 때문에 인생 전반에 문제가 더 많이 붉어지는지도 모르는 채 말이다.

영화판과 뮤지컬 세계를 오간 세월이 5년이다. 그러다 커피의 매력에 빠져 이 세계에 발을 들여놓은 건 3년. 이젠 두 세계 중 하나를 선택하기 어려워졌다. 그러면서 중요한 건 둘 중 어떤 세계인가가 아니라 내 안의 가치관이란 걸 조금씩 깨달아가고 있다. 내 안의 중심만 곧게 가지고 있으면, 그 중심을 향해 서서히 빚어지는 것, 그것이 인생이란 걸 말이다.

그렇게 탄생한 키노빈스.

이곳에서야말로 한바탕 놀이마당을 펼치고 싶다. 커피와 영화에서 시작하여, 좋은 먹거리로 잘 먹고 잘 놀면서 거기서부터 새로운 콘텐츠를 탄생시키며 새로운 장으로 자기 확장을 해나가는 곳, 키노빈스.

걷다 보니 어느새 그것이 내 인생이 되어 있었다. 걷다 보니.

영화와 커피가 만나
새로운 문화의 장으로

다른 인터뷰이들과는 달리 키노빈스 이근욱 대표
는 세 사람이 공동창업을 한 이후 차례로 결별절차를 밟고 홀로 남아
사업을 끌어오고 있는 조금 특이한 사례였다. 아무래도 무언가 사연
이 있을 것 같은데….

"사실 저는 처음에는 커피에 대해 아무것도 몰랐어요. 시작할 때만
해도 그냥 영화를 좋아하고, 좋아하는 영화를 좀 더 안정되게 하기
위한 부수입이 될 만한 일이 하나 있으면 좋겠다, 뭐 이런 생각으로
시작한 거거든요. 그런데 어쩌다 보니 처음부터 서류상으로는 단독
대표를 맡게 됐어요. 그리고 중간에 두 사람과 결별하면서 결국 처음

부터 지금까지 단독 대표는 저인 셈이 된 거죠."

그러니까 처음부터 본격적으로 커피 사업을 하겠다는 확고한 결정 보단 영화의 사이드 일 정도로 시작했고, 어찌하다 보니 대표 일을 맡게 되고, 그러면서 커피 사업에 조금씩 더 발을 들여놓게 됐다는 얘기다.

그렇다면 아무래도 처음부터 단독 대표를 맡게 된 이유가 있지 않았을까?

"적긴 했지만, 초기자본금 투자 부분도 그렇고 투자 금액의 무게감 때문인지 그에 따른 책임도 내가 져야겠구나 하는 생각이 자연스럽게 들었어요. 거기다 아무래도 저희가 사업 시작을 영화 쪽 케이터링 사업으로 하다 보니 공동창업을 제안한 형이 제가 대표로 나서는 게 더 좋을 것 같다고 생각하기도 했고요."

조금 민감하긴 하지만, 결별의 이유가 궁금해졌다. 아무래도 청년 창업가들 또한 혼자 시작하기 벅찬 경우 두세 명이 힘을 합해 사업을 시작할 수 있는데, 무언가 교훈이 될 이야기를 들을 수 있을 것 같다.

"한 친구는 영화 쪽 일에 비교적 깊이 발을 들여놓고 있었어요. 그러다 보니 결국 영화와 커피 사업을 병행하는 게 쉽지 않다는 판단을 하게 된 거죠. 또 한 사람은 형이었는데, 사실 이 형한테는 여러 가지 면에서 고마운 마음이 많이 있어요. 하지만 어느 순간부터는 서로의 관점이나 견해 차이가 두드러지게 된 거죠. 그때 생각했던 게 처음부터 아예 계약서 같은 걸 작성했더라면 어땠을까 하는 거였어요. 사실 처음에는 누구나 순수한 마음으로 시작하니까 우리나라 관습상 그런 거 작성 안 하잖아요. 그런데 시간이 지나면서 계약서를 썼으면 이렇게까지 일이 안 좋은 방향으로 커지지는 않았을 텐데 하는 생각이 많이 들더라고요."

공동창업 혹은 협업에서 가장 중요한 포인트가 아닐까? 아무래도 우리나라 정서상 아직도 좋은 마음으로 함께 일을 도모할 때, 시작부터 입장을 문서로 칼같이 정리한다는 것이 좀 불편하다고 느끼기 십상이다. 그런데 사실 비즈니스가 잘되면 잘될수록 훗날 꼭 필요한 부분이 아닐까 싶다.

여기까지 생각을 이어갈 때쯤 주문한 커피가 나왔다. 한 모금 맛을 보니 역시 향이 일품이다. 문득 이 대표는 커피 사업을 지금 이곳의 카페에서 시작했는지가 궁금해졌다.

"아, 그건 아니고요. 이건 2015년 4월 13일에 오픈했어요. 처음엔 온라인에서 원두커피를 팔려고 했는데, 막상 시작해보니까 요즘 한국에서 정말 쉽지 않은 장사가 온라인 판매더라고요. 아무래도 초기

진입장벽이 낮다 보니까 경쟁이 엄청나게 세고요, 그런 만큼 실질적인 판매실적을 올리는 게 너무 어려워요."

말로만 듣던 온라인 사업의 치열함을 실제로 겪은 이에게 들으니 더 피부로 와 닿는다. 그럼 어디서부터 커피 사업의 길을 열기 시작한 걸까?

"그랜드민트페스티발이 시작이었어요. 이게 우리나라에서 꽤 큰 음악페스티벌이거든요. 저희가 여길 2013년에도 입점했고, 2014년에도 입점했어요. 그런데 사실 저희가 입찰이 될 이유가 하나도 없었어요. 2013년만 해도 제대로 된 카페가 있는 회사도 아니었고, 그냥 강북청년센터 공간 빌려서 카페 하나 운영하는 정도였으니까요. 2010년에 처음으로 관객으로 갔을 때 이 페스티벌에 대한 호감도가 올라갔었는데, 2013년도에도 오랜만에 다시 가볼까 하는 마음에 주최 측 홈페이지를 봤더니 F&B 입점을 받는다는 공지가 떠 있더라고요. 떨어져도 좋으니 한번 해보자 하는 생각이 들어서 지원했는데 정말 운 좋게 된 거죠. 여기 이사님께서 F&B만큼은 소상공인들에게 기회를 줘야 한다는 마인드이셨어요. 그래서 가능했던 거죠. 그래서 텐트랑 전기는 주최 측에 사용료를 내고 이용하고 저희가 집기 등을 들고 가서 공연 보러 오신 분들께 커피 판매를 했어요. 그해 저희 사업 매출은 여기서 기록했다고 보시면 돼요."

커피 사업이란 게 꼭 카페가 아니라 이렇게도 시작할 수 있는 거였구나. 나도 모르던 분야였던 만큼 이야기가 점차 흥미로워졌다. 그런데 강북청년센터에서 공간을 빌려서 카페를 운영했다는 건 또 무슨 이야기일까?

"거기가 어떤 면에선 저희 키노빈스 오프라인 카페 1호점이라고 보시면 될 거예요. 2013년 6월부터 시작해서 2015년 6월에 철수니 2년 운영한 셈이네요. 그러니까 강북청년창업센터 1층 공간을 빌려서 저희가 커피를 만들면서 판매도 했던 거죠. 어떤 면에서 정식 카페를 차리기 전에 인큐베이팅 역할을 한 곳이죠."

서울시 청년창업창업센터 안에서 이런 일도 가능하단 사실을 처음 알았다. 자신의 사업을 처음 시작하는 청년들이라면 이런 곳을 적극적으로 활용하면 좋겠다는 생각이 들었다. 그럼 수익금도 발생했던 걸까?

"네, 유료로 팔았으니까 당연히 수익금은 발생했죠. 다만 그 공간은 인큐베이팅을 하는 곳으로 온전히 이용해야 하는 곳이었기 때문에 창업센터 측에 '이곳에서 발생하는 수익금 전액은 이곳을 알리는 용도로 사용하겠다'라고 제안을 드렸고 허락을 맡아 진행될 수 있었습니다. 저희가 잘할 수 있는 분야가 영화여서 매월 첫째, 셋째 주 월요일 다양성 영화를 수소문해서 상영했어요. 아무리 저예산 영화라고는 해도 작품의 상영료도 지불해야 하고, GV(GUEST VISIT) 감독님들에게 거마비도 드려야 하고 해서 적지 않은 예산이 필요하거든요. 그런 거 전부를 저희가 부담하고 음료도 무료로 제공하고 하면서 그런 식으로 수익금을 센터에 환원했어요."

내부에서 발생한 수익을 다시 내부환원을 함으로써 선순환의 고리를 만들었다는 의미다. 아직 사업이 시작되기 전, 정말이지 서울시 청년창업센터에서만 가능한 아름다운 시도라는 생각이 든다. 물론 이와 같은 인큐베이팅이 훗날 실질적인 비즈니스에도 연결되니 직접적인 수익이 발생하기 전 좋은 과도기 여정이 될 수 있을 것 같다.

그럼 페스티벌 다음이 카페였나?

"아니에요. 그다음은 푸드트럭을 활용한 커피 케이터링 사업이 먼저 열렸어요."

나만 해도 아날로그 세대여서 그런지 커피 사업 하면 자꾸 카페로만 연결하려 하는데 이토록 다양한 길이 있을 수 있다니. 그렇다면 정말이지 자신의 사업을 창업하려는 청년들은 기존의 틀을 과감히 벗어나 얼마든지 자신들만의 틈새시장 개척이 가능할 수도 있겠다는 생각이 들었다.

그런데 푸드트럭을 활용한 커피 케이터링이 무엇일까?

"그러니까 2014년 9월, 12월에 진행됐던 두 건의 거래가 키노빈스 매출의 신기록을 가져다주었죠. 9월 건의 경우 영화 〈매트릭스〉를 만든 릴리·라나 워쇼스키 감독님들의 〈센스8〉이라는 드라마를 한국에서 촬영한 적이 있는데, 이때 현장에 식사며 커피를 제공하는 거죠. 식사는 대기업에서 따 갔고, 저희가 운 좋게도 커피를 따낸 거죠. 그리고 12월은 보건복지부 산하 한국인체조직기증원이라는 곳에서 하는 행사에 공식 케이터링 업체로 들어가게 됐고요."

아, 그런 일이 있을 수 있구나. 그렇다면 이건 분명 차가 있었어야 할 텐데? 차 한 대 값이 만만치 않을 텐데….

"차가 필요한 건 당연한데 다들 중고차를 구매하죠. 우리 회사도 0.5톤 라보를 사서 커피차로 꾸미기 시작했는데 1,000여만 원 들었어요. 라보를 사용해보니 안정성이 많이 떨어져서 중고 스타렉스에 견인장치를 달아서 트레일러를 끄는 형태로 변경했습니다. 이때도 1,000만 원 정도 들었네요."

그럼 행사당 매출액은 얼마 정도였을까? 차를 구매한 본전 뽑기는 얼마 정도면 가능할까?

"첫 행사였던 미국 드라마 현장 판매에서는 12일 동안 매출 4,000만 원 올렸고요, 12월 행사에서는 12일 동안 2,300 매출 기록했어요."

두 번의 행사에 참여한 것만으로도 커피트럭을 구매한 본전은 뽑고도 남았겠다는 생각이 든다. 이거야말로 굳이 큰 규모의 자본금을 투자하는 리스크를 감당하며 카페를 오픈하는 것보다 청년들이 하기에 딱 좋은 비즈니스 모델이 아닐까 싶은데.

"물론 수익률만 놓고 보면 푸드트럭 케이터링 사업이 가장 좋아요. 그런데 문제는 이런 큰 규모의 케이터링 기회는 국내에서 아직 많지 않다는 것과 있다고 해도 운영권을 획득하기가 힘들다는 거죠."

그러니까 할 수만 있다면 커피트럭을 운영하는 케이터링 사업의 수익률이 가장 높은데, 문제는 어떻게 그 일을 따내는가라는 것이겠다. 이 대표는 자신이 몸담았던 이전 분야를 파고들어 성공하거나 사업 자체를 다각화해서 거기서부터 시너지 효과를 내는 전략을 쓰는 중이다.

그렇다면 조금 더 규모를 축소해서 순수한 커피차만 운영하는 걸로 어느 정도 경험이 쌓일 때까지 자기사업을 시작해볼 수는 없을까?

"그게 사실 자본금 측면에서나 경험 쌓기 면에서 처음 커피 장사를 시작하는 분들께 좋긴 좋은데, 아직 우리나라는 푸드트럭이 법률적으로 허용되지 않거든요. 저처럼 아예 페스티벌이나 공식행사에 입점하는 건 모르는데, 그렇지 않고 그냥 도로변에서 장사하시는 건 불법이에요. 물론 그런데도 그렇게 시작하시는 분들도 계시는데 들어보면 혼자 커피트럭 운영할 때 월 200 정도 매출을 올린다고 하더라고요. 일부 지역에 한해 허가를 해주겠다는 말이 있기는 한데, 사업권을 획득하는 곳들은 대부분 대기업들의 몫이었어요. 아무래도 공신력의 문제가 있다 보니 소상공인보다는 대기업에 더 기회가 많이 가는 게 현실인 거죠."

동네 떡볶이 상권에 대기업이 들어오는 것과 마찬가지 일이 여기서도 벌어지고 있는 셈이다. 그나마 적은 자본으로 할 수 있는 일만이라도 소상공인들에게 더욱 많은 기회가 주어져야 할 텐데….

그럼 이 대표는 과연 어떤 계기로, 어느 정도 자본금을 들여서 오프라인 카페를 차리게 된 걸까? 사실 카페 하나 차리는 데 억 소리 넘어가게 투자금이 든다는 건 모두가 알고 있는 사실인데, 과연 실제로 어느 정도 자본금이 들었을지가 제일 궁금했다.

"사실 저희는 자본금이 5,000만 원 정도밖에 안 들었어요."

잠시만 둘러봐도 공간이 웬만한 대형 카페보다 훨씬 넓은데, 이 공간을 어떻게 5,000만 원으로 시작할 수 있었을까? 다시 둘러봐도 인테리어도 꽤 모던한데…. 아무래도 믿기지 않는다.

"사실 이케아랑 함께하는 이들의 재능기부가 아니었으면 어림없었을 거예요. 보시는 가구 대개가 이케아 거예요. 거기서 돈이 엄청나게 절약됐죠. 그리고 함께하는 동료들(이병헌, 백경열, 신기운 등) 중 심지어 전기, 배관, 수도까지도 가능한 동료가 있었어요. 이 동료들의 살신성인으로 매장이 만들어진 거죠. 실제로 공사 중에 죽을 뻔한 적도 여러 번 있었습니다."

열정이 뭉치면 무슨 일이든 가능하다는 말이 떠오르는 순간이지만, 그래도 그렇지 이런 공간을 5,000만 원에 꾸미다니 대단하다는 생각이 들었다. 도대체 이 청년들을 하나로 모으게 한 동기가 무엇이었을까?

"사실 여기가 서강대 동문회 공간이에요. 그런데 동문회에서 생각하시기를 동문을 모이게 하려면 마시는 게 있으면 좋겠고, 마시면서 서먹한 게 풀어지도록 무언가 함께할 수 있는 콘텐츠가 있으면 좋겠고…, 이런 고민을 하신 거죠. 그러다 동문 출신이 저와 우리 회사를 보시고 '딱 얘네들이다'라는 생각을 하신 것 같습니다. 그렇게 동문회에서 2014년 연말쯤에 저희에게 제안을 주셨고, 저희도 공간을 채우려면 투자금이며 뭐며 부담스럽지 않았던 건 아니었는데도 매우 좋은 기회여서 하겠다고 말씀드린 거고요. 그렇게 1월 27일에 임대차 계약서 쓰고, 2월부터 공사 시작해서 4월에 오픈했어요. 그러면서 커피와 영화만 연계하던 회사에서 푸드와 다른 문화콘텐츠로까지 확장된 거죠. 그러면서 이런저런 다양한 사람들이 모여든 거고요."

페스티벌 입점부터도 그러했지만, 실질적인 카페 오픈에서도 정말이지 일반적인 카페와는 참 다른 특이한 점을 지니고 있다는 생각이 들었다. 이래서 그 정도 소규모 자본을 갖고도 이런 작품이 탄생할 수 있었던 걸까 싶기도 하고, 어쩐지 뜻이 있으면 길이 열린다는 말이 떠오르는 순간이기도 했다.

그렇다면 이들이 추구하는 다양한 문화란 과연 무엇일까?

"예를 들면 출판기념회는 물론이고 EDM(Electronic Dance Music) 파티에다, 보시는 이 스크린이 200인치예요. 웬만한 규모의 상영회도 가능한 크기인 거죠. 이 스크린이 설치된 공간엔 50여 명의 사람이 들어갈 수 있습니다. 거기다 '스타크래프트', '디아블로'로 유명한 게임회사 블리자드에서 만든 인기 게임인 '하스스톤'이란 게임을 저희가 처음으로 오프라인에서 진행하기도 했고요."

확장세가 무서울 정도라는 느낌이 들었다. 문득 고개를 들어 주변을 다시 살펴보니 그 모든 이벤트가 행해지는 순간들이 조금 상상이 되면서 그들의 열기가 전해지는 것도 같다.

그건 그렇고 프랜차이즈 사업은 또 뭘까? 슬쩍 들으니 지금 이 자리에 본점을 오픈하기 전에 가맹점을 먼저 열었다고 하는데, 이건 또 무슨 의미일까?

"그건 이렇게 생각하면 돼요. 대기업 커피 프랜차이즈에 가입하시기에는 자기자본이 많이 부족하고, 그렇다고 커피 쪽은 전혀 몰라서 그냥 오픈하기는 겁나고. 그런 분들이 저희를 아시고 부탁을 해오신 거죠. 저희는 오프라인 카페만 없었지, 사실 원두장사부터 머신 A/S까지 실질적인 노하우는 A부터 Z까지 다 쌓아왔으니까요. 아직 본점도 갖춰져 있지 않은 상황이라 거절했는데, 그래도 좋다고 하셔서 진행하게 된 거죠. 결국, 저희도 오프라인 매장을 갖추게는 됐는데 가맹점이 본점보다 먼저 오픈한 흥미로운 일이 벌어진 거죠."

역시 사업이란 게 일단 시작을 하고 펼치다 보면 나도 모르는 일들이 벌어지는 곳이기도 하다는 생각이 들었다. 역시 길이 길을 만드는 것인지…. 그렇게 다양한 길을 개척해오고 있는 이 대표에게 멘토는 있는지 물어보았다.

7장 | 융합의 힘 · 163

"부모님이세요. 좀 올드하게 들릴지는 모르겠지만, 저희 부모님께서 교육자이시거든요. 그래서 저도 교육자의 길을 걷길 바라셨는데 제가 어릴 때는 그쪽으로 관심이 없었거든요. 그런데 사업 쪽으로 들어와 사람을 겪으면서 오히려 사람이 제일 중요하다는 생각을 하게 됐어요. 그래서 언젠가 사업이 정말 안정되어 대표 자리에서 물러날 수 있는 기적 같은 일이 벌어진다면 저도 사람을 발굴하는 걸 해보고 싶다는 생각도 해요."

역시 실제 경험이 사람을 키우는 걸까. 훌쩍 성숙한 이야기를 쏟아내는 이 대표의 말이었다. 그런 그에게 내 인생의 책은 무엇일까?

"박완서 선생님의《휘청거리는 오후》라는 책이에요."

의외였다. 스타일리시한 청년 창업가에게서 듣기에는 조금 이전 시대 작품이 아닐까 하는 생각이 들었다.

"그렇죠. 선생님께서 아마 1980년대에 쓰신 작품으로 기억하고 있어요. 사실 저희 아버님께서 책을 엄청나게 많이 읽으셨는데 저는 그렇지를 못했어요. 그런데 군대에 가니까 시간을 제일 빨리 보내는 데 책 읽는 게 제일이더라고요. 그때 아버님께서 보내주신 책들 중 하나죠. 재미있게 봤으니 너도 꼭 봤으면 좋겠다고 하셨는데, 정말 재미있게 본 책이에요. 영화로 만들고 싶은 목록 1호라고나 할까요. 1980년대에 딸 셋을 둔 중산층 이야기인데 지금 시대에도 딱 맞는 이야기예요. 절절합니다."

책 이야기를 하는 그의 눈빛이 어느새 예술가의 면모를 보여주고 있었다. 그런 그가 커피 사업을 하면서 가장 좋은 점은 무엇일까 싶어졌다.

"커피라는 것 자체가 참 좋아요. 커피 한 잔을 마주 놓고 서로 대화를 나눌 수 있다는 것. 사람과 사람 사이를 그렇게 연결해준다는 것 자체가 제겐 매력으로 다가와요. 술로써 푸는 데는 한계가 있잖아요. 우리나라 술 문화를 보면 자칫 이성을 잃을 위험이 보이기도 하는데 커피는 그렇지 않잖아요. 여기만 해도 70학번부터 14학번까지 엄청나게 차이가 나는 동문이 커피라는 매개체를 통해 다 모이시거든요."

어쩐지 이 대표는 예술인에서 사람 냄새 나는 기업가로 거듭 성장해나가고 있다는 느낌이 들었다. 그런 그가 이제 막 자기 일을 향해 출발선에 선 후배들에게 해주고 싶은 이야기는 무엇일까?

"지금 당장 눈앞에 뭐가 없다고 해도 너무 불안해하지 않았으면 좋겠어요. 대신 우유부단하지는 않게 자신의 확고한 인생 가치관을 지니고 있을 필요는 있죠. 그럼 결정을 내려야 할 순간에 자신의 가치관에 따라 결정을 내리게 되고, 그렇게 인생은 어느 순간부터 만들어져 가죠. 대신 자신의 결정에 대한 책임은 져야겠죠."

그러니까 인생에서 자신만의 중심을 확실히 잡고 있으면 남은 삶은 거기에 따라 흘러가기 시작한다는 의미이겠다. 흔히 수단이 목적이 되는 삶을 살아가는 삶 속에서 이런 깨우침을 이미 얻었다는 건, 역시나 그만큼 자신의 가치관에 따라 결정하고 그 결정을 책임지며 살아가고 있는 사람이라는 생각이 들었다. 이론이 아니라 스스로 경험하고 체득한 사람만이 들려줄 수 있는 이야기이니 말이다.

가장 바쁜 오프닝 시간에 찾아가 긴 시간 인터뷰를 했음에도 인터뷰 내내 하나라도 더 나눠주기 위해 자세히 설명해주던 이 대표에게 감사드리며, 그 공간이 대한민국 콘텐츠 사업의 새로운 모태가 되기를 응원한다.

1인 지식기업가로 가는
실행 로드맵 점검

➠ 로드맵 1: 꿈 혹은 천직을 찾았는가?

이 대표는 경영정보학과에 진학했다가 신방과로 편입했다. 그러니까 그에게는 커피보다는 영화나 뮤지컬 등의 예술 계통이 천직으로 먼저 다가왔던 셈이다.

➠ 로드맵 2: 그 일이 자신의 성격과 기질에 맞는지 충분히 검토했는가?

그렇게 약 5년쯤 그 분야에서 활동하다가 정말이지 우연히 커피 사업을 접하고 시작하게 됐다. 처음에는 커피에 대해 아무것도 몰랐지만, 책을 읽고 원두커피 볶는 법을 배우는 등의 일들이 싫지는 않았다고 한다. 그러면서 자신도 모르게 이 분야의 일을 하면 할수록 조금씩 더 빠져들면서 이젠 커피와 커피사업이 주는 매력에 흠뻑 빠져 있다.

시간을 두고 하나의 천직에서 또 다른 천직으로 서서히 융합해간 사례라고 할 수 있겠다.

➡ 로드맵 3: 천직의 시장성을 검토했는가?

커피 사업의 무엇을 두고 시장성을 측정할지에 따라 결과가 크게 달라질 것 같다. 사실 카페 창업만 놓고 본다면, 우리나라에서 가장 위험률이 높은 창업 중의 하나이기에 그 자체로는 시장성이 좋다고 할 수 없다. 하지만 이 대표는 이렇듯 경쟁이 치열한 업계에 뛰어들 때, 이전 자신의 분야와 연계하여 페스티벌 입점이나 드라마 촬영 현장에 커피트럭으로 케이터링 사업을 뚫어내는 등의 전략으로 큰 자본금을 들이기 전 커피 사업 전반에 걸쳐 충분히 경험을 쌓았다. 이것이 시장성을 확보하는 데 가장 큰 교두보 역할을 했으리라.

어떤 분야를 선택하든 간에 기존의 정해진 루트나 시장만 고수하는 것보다 자신만이 뚫고 들어갈 수 있는 틈새시장 전략은 언제, 어느 곳에서나 유효해 보인다.

➡ 로드맵 4: 천직이 필살기 수준까지 도달하도록 수련했는가?

영화나 뮤지컬계에서의 활동 기간이 5년이 경과했을 때인 2013년부터 커피 사업에 진출했다. 이 대표는 이 두 가지 영역을 엮어서 자신만의 독특한 사업 아이템을 만들어가고 있으니만큼 필살기 연마에서 두 가지 분야에서 활동한 시간 모두가 경험으로 활용되는 것 같다. 마치 일본의 켄 교수가 《스토리 경영》에서 말한 차별화 전략 중 으뜸인 '차이를 만들어 연결하라'의 실제 모델을 보는 듯했다.

➡ 로드맵 5: 최소한의 생존경비는 확보하고 시작했는가?

사실 커피 사업치고는 뜻밖에 자본금이 많이 들어가지 않은 경우였다. 커피 트럭에 2,000여만 원의 투자금이 들어갔지만 2014년 두 번의 행사장 입점에서 이미 본전을 환수했고, 카페만 해도 5,000만 원이라는 상상할 수 없는 투자금으로 오픈했으니 말이다. 물론 사업이 커지면서 이 대표는 단독 대표로서 사업을 유지하기 위해 추가 자본금 5,000여만 원을 출자했다고 한다.

➡ 로드맵 6: 초기 수입의 다각화를 모색했는가?

이 부분은 다른 인터뷰이들보다 풍부한 사례를 제공하고 있다. 맨 처음 페스티벌 입점부터 시작해서 행사장 커피트럭 운영, 그리고 오프라인 카페 창업과 프랜차이즈 사업에 이르기까지. 지면상 본문에선 소개하지 못했지만, 바리스타 아카데미와 커피머신 A/S까지 참으로 커피라는 하나의 소재를 활용해 구사할 수 있는 거의 모든 비즈니스 모델을 활용하며 메인 비즈니스 라인을 구축하고 있다.

그런가 하면 카페 개장 이후에는 커피와 영화의 융합에서 벗어나 푸드와 놀거리 콘텐츠 문화사업으로까지 확장하고 있으니, 이들의 비즈니스 모델은 여기서 끝이 아닐 것 같다.

로드맵 7: 멘토가 있었는가?

교육자의 길을 걸어오신 부모님을 멘토로 꼽았다. 어릴 땐 교육이란 길에 관심이 없었으나 사업을 하면서 점점 더 사람의 중요성을 알게 되어 언젠가는 자신도 걸어가야 할 길이 아닌가 하는 생각이 든다고 한다. 사업 3년 차에 어느새 원숙한 생각으로 접어든 듯하다.

로드맵 8: 1인 지식기업가 초창기, 나보다 큰 커뮤니티에서 채널 마케팅을 시작했는가?

사업 시작 후 지금까지 마케팅 비용은 거의 제로에 가깝다는 말에서 알 수 있듯이 뜻밖에 마케팅을 공격적으로 하지 않고 있었다. 의외라는 느낌이 들었던 건, 이런 문화콘텐츠를 하는 회사는 온라인 마케팅을 굉장히 적극적으로 할 것 같았기 때문이다. 지금까지는 메인 비즈니스 모델을 무엇으로 가져갈 것이며 어떤 콘텐츠를 엮어낼 것인지 등 사업의 내실을 기하는 데 중점을 두었다는 말이 맞는 것 같다. 무릇 마케팅이란 내실이 갖춰진 뒤 시작해도 늦지 않는 일임을 다시 한 번 깨달을 수 있었다.

로드맵 9: 개인 마케팅의 정점인 책 쓰기를 시도했는가?

이번처럼 간간이 인터뷰에 응하는 것 외에 스스로 책을 쓴다거나 하는 생각을 해본 적은 없다고 한다. 책 출간 역시 마케팅의 연장선상이란 점을 생각하면, 내실을 기하는 데 전력을 다하는 이 대표로선 아직 관심 없는 일일 수밖

에 없다는 생각이 들었다. 오히려 시간이 흐를수록 외부에서 이 대표의 이야

기가 더 궁금해지지 않을까?

- 문화콘텐츠학 전공

- 튜브앰프뮤직 2년, 한국패션협회 1년 6개월간 근무

- 2015년 12월 《아무도 모르는 누군가의 몰타》 출간

- 현재 스웨덴 예테보리에 거주하면서 오마이뉴스 시민기자로 활동하며
  간병생활을 바탕으로 한 두 번째 저서 집필 중

– www.sujijung.com

8장

자유의 힘

: 정수지(작가) :

왜 이것은 꿈이 아닐까

"뭐라고? 언니가 쓰러졌다고 왜? 갑자기 왜?"

처음 언니가 쓰러졌다는 말을 들었을 때만 해도, 그로 인해 언니가 손과 다리를 제대로 쓸 수 없고 언어장애를 가진 채 살아야 한다는 생각은 전혀 하지 못했다. 그저 단순히 과로로 쓰러진 거고 잠깐, 아주 잠깐 남들도 일생에 한 번쯤은 다 하는 입원. 그렇게 며칠 스치듯이 입원했다가 멀쩡히 퇴원해서 다시 살아갈 것으로 생각했다.

그날 병원으로 뛰어가던 그 순간까지도 난 절대로, 절대로 언니가 그렇게 어린아이처럼 되어 있을 거라곤 생각하지 않았다. 그때 언니 나이 겨우 서른한 살이었으니까…

아침까지 멀쩡히 출근했던 언니가 그날 이후로 어린애가 되어버렸다. 우리가 흔히 아는 병명은 자발성 뇌출혈. 백화점 매니저로 근무하던 언니는 늘 실적 맞추는 일로 스트레스에 시달렸는데, 최근 몇 달은 그 압박이 더했다고 한다. 속 깊은 언니는 가족들 앞에서 그런 내색을 별로 하지 않아 잘 몰랐다. 몰라줬던 그것조차 나중엔 어찌나 마음 아프던지….

그때 난 결혼한 지 얼마 안 된, 말 그대로 신혼의 단꿈에 젖어 있을 때였다. 그렇지만 신혼이고 뭐고 다 팽개치고 언니 곁을 지키기 시작했다. 딸만 둘인 우리 집에서 부모님은 맏딸이 그리된 걸 지켜보시다 두 분 다 삶의 희망을 잃으셨다. 정말이지 한 집안이 한순간에 이렇게 풍비박산이 날 수도 있구나 하는 걸 실감했다. 나라도 정신 바짝 차리지 않으면 이러다 정말 우리 가족 모두 큰일이 날 것만 같았다. 산다는 게 실로 무섭게 느껴지던 날들이었다.

어떻게든 날 추슬러야 했고, 어떻게든 날 다잡아야 했다. 언니 병상 옆에 쭈그리고 앉아 힘들 때마다 나도 모르게 글을 쓰기 시작했다. 때론 병상 일기처럼 언니의 숨소리가 이렇다, 저렇다 쓰기도 하고. 때론 정신이 오락가락하는 언니한테 말을 걸어보기도 하고. 그러다 또 어떤 날은 몰타에서의 날들이 툭, 터져 나오기도 하고.

그렇다. 몰타를 다녀온 것이 마치 꿈만 같다. 이런저런 바다를 가보았지만, 몰타의 바다는 어딘가 사람을 끌어들이는 기이함이 있다. 어쩌면 내가 그때까지 구속받던 모든 시선으로부터 처음으로 자유로워져서 해방감을 느껴서인지도 모르겠다.

평생 처음으로 난 몰타에서 말 그대로 민얼굴로, 민낯으로 하나도 숨김없이 있는 그대로의 나로서 하루하루 살아 있음을 만끽하며 지냈다. 어떤 일로도 나를 질타하지 않고, 나 자신을 몰아세우지도 않고. 그저 마음 가는 대로, 발길 닿는 대로 하루하루를 살던 그 시간.

문득 그 시간이 한 장면, 한 장면 꿈속처럼 병실 옆에 쭈그리고 앉아 있는 내게 떠오른다. 아련하기도 하고, 손에 잡힐 듯 멀어질 듯하기도 한 그 순간들….

그때 난 있는 그대로의 내가 보물이란 걸 깨달았다.

더는 나한테 억지로 무언가를 강요하지 않아도 되고, 사회가 요구하는 무언가에 나를 강제로 꿰맞추지 않아도 되고, 있는 그대로의 나로서도 충분히 쓸모 있고 괜찮다는 것을 말이다. 몰타에서의 그런 깨달음이 없었다면 아마 언니 곁을 지켜내지 못했을지도 모르겠다.

'그래, 해보는 거야. 어제도 생각 말고, 내일도 상상 말고. 오직 지금 이 순간, 언니 간호에만 집중해서 하루하루 살아보는 거야.'

그렇게 하루하루를 버텼고, 식물인간 판정을 받았던 언니의 의식이 돌아오기 시작했다. 그렇다고 정상인으로 살아갈 수는 없지만, 적어도 가족이 상상할 수 있는 최악의 먹구름은 조금씩 걷히기 시작했다.

인생은 그렇게 내 곁을 지나가고, 그 세월을 견뎌낸 나는 나도 모르는 사이 작가의 길에 들어서고 있었다. 생은 참 알 수 없는 것이란 생각이 든다···.

내 안에서 찾은 보물,
책과 칼럼 쓰기

정수지 씨의 첫인상은 사내아이 같은 매력을 풍기는, 솔직하고 있는 그대로 숨김이 없이 털털한 성격일 것 같다는 것이었다. 그런데 그녀가 풀어놓는 이야기들은 들으면 들을수록 이게 30대 초반이 겪을 일인가 싶을 정도로 다양하고 깊었다. 마치 그녀의 삶이 그녀를 작가의 길로 인도하는 느낌이랄까. 그 원류가 어디인지 궁금했다. 싫증 나긴 하지만, 그래도 일단 학교 전공에서부터 시작해보기로 했다.

"문화콘텐츠학과를 나왔어요. 공연기획에 빠지고, 그러다 일본 영화랑 문화를 접하게 됐는데 우리하고 엄청나게 다른 거예요. 그러면서 저 나라에 가서 살아봐야겠다는 생각이 들었어요. 그래서 휴학을 하고 일본에 갔는데 부모님께 크게 손 벌릴 입장은 못 되어서 조금만 원조를 받았어요. 일본 도착하고 3일 만에 아르바이트를 구했죠.”

시작부터 당차다는 느낌이 든다. 아무리 같은 아시아권의 나라라고는 하지만 그래도 외국은 외국인데 도착한 지 3일 만에 아르바이트를 구하다니 어떻게 그런 일이 가능했을까?

“제가 포토샵을 할 줄 알거든요. 당시 재일교포분이 운영하시는 스튜디오였는데 캬바쿠라걸 프로필 사진을 주로 찍는 곳이었어요. 그런 작업 대개가 신체보정작업이 필요한데 제가 원본을 포토샵으로 수정하게 된 거죠. 처음엔 잘 못해서 엄청 많이 혼났어요. 그래서 피부색 보정부터 시작했어요. 제가 일본어를 열심히 공부하긴 했지만 그래도 유창하진 않을 때여서 말을 많이 해야 하는 서비스 일까진 못하겠고. 그러면서도 뜻밖에 이 일이 손기술을 요구하는 일이어서 오히려 페이는 나쁘지 않았어요. 하하.”

듣는 나도 절로 웃음이 나왔다. 그런 일이라면 말이 크게 필요 없었을 것 같고, 그러면서도 페이가 나쁘지 않았다니 일본 진출 3일 만에 찾은 아르바이트 자리로서는 꽤 좋은 듯하다.

처음엔 3개월만 예정하고 간 일본 거주가 총 1년이 넘었다고 하는

데, 그 기간이 정 작가에게는 어떤 의미였을까?

"자신이 생겼어요. 아, 내가 혼자서 어디서도 살 수 있겠다, 머 이런 식의 자신감인 거죠. 나중에 생각해보니까 그 시기가 저한테는 1차 변환기 같은 시간이었어요. 가까운 나라지만 한국과 많이 다른 일본 문화에도 눈뜨게 됐고, 민족감정은 있지만 배울 점도 많은 나라라는 걸 그때 깨닫게도 됐고요."

그렇게 한국으로 돌아와 한 일이?

"교수님 중에 한 분께서 말하자면 1인 회사로 음반 기획 및 제작을 하셨어요. 작곡가 겸 뮤지션으로도 잘 알려진 분이세요. 제가 워낙에 공연기획에 관심이 많았는데 마침 교수님께서 일도 배울 겸 밑에 들어와서 일해보지 않겠느냐고 하셔서 복학하면서 학업과 일을 병행하게 됐어요."

1인 회사에 1인 직원이라…. 어쩐지 하나에서 열까지 일이 엄청나게 많았을 것 같은 예감이 든다.

"네. 맞아요. 어떤 때는 코디도 했다가, 어떤 땐 매니저도 했다가. 또 어떤 때는 방송국 가서 CD도 돌리고. 기타 잡무는 기본이었고요.

정말이지 그때 제 직업은 10개도 넘는 기분이었어요. 하지만 제 나이에 비해서 정말 많은 걸 배우고 경험할 수 있는 시간임은 분명했어요. 2년 남짓 그렇게 일했는데, 이름을 대면 알 만한 분들 옆에서 일하면서 점차 저 자신이 초라하게 느껴지는 거예요. 곡을 만들고 악기를 연주하며 창작하는 사람들이 대단하게 느껴지기도 하면서 제 존재감이 사라진다고나 할까요. 그러면서 드는 생각이 이 사람들은 다 한 가지씩은 잘하는 게 있는데 난 뭘 잘하지? 내 재능은 뭐지? 이런 생각이 들더라고요."

　학교에 다니다 휴학하고 일본에 가서 아르바이트하며 1년을 지내다 돌아와 다시 복학해서 음반 기획사에서 2년 가까이 일했고. 그러면서 주변의 반짝이는 사람들 속에서 자신의 재능과 존재감에 관해 물음이 생기기 시작했다는 정 작가. 그러니까 사회구조상 첫 직장 정도가 될 텐데 거기서 벌써 그런 물음이 들었다는 것이 조금은 신기했다. 그래도 사회 초년병 시절에는 그 외 다른 일들에 관심이 가고 끌리고 할 시기이니 말이다.

　그래서 다음 행보는 무엇이었을까?

"대한민국 사회가 참 신기한 건 저처럼 쥐꼬리만큼 월급 받는 사람한테도 월급날 즈음에는 재테크 해드린다고 연락이 막 와요. 저 월급 진짜 적었거든요. 그러면서 하시는 말씀들이 몇 년 뒤에는 결혼도 해야 하고, 차도 사야 하고 하니까 지금부터 재테크를 잘해야 한다는 거죠. 그런데 그런 이야기들을 듣고 있으면 그럼 나는 나중에도 재테크하기 위해 살아야 하는 거잖아라는 생각이 들면서 숨이 막히는 것 같았어요. 마침 그때 제가 음반 기획 쪽에서 일하면서 일어도 중요하지만 영어가 정말 필수라는 걸 절감하던 때라서, 영어공부가 하고 싶었거든요. 자유여행도 늘 꿈꿔왔고요. 그래서 하기로 했어요. 우선, 2년 동안 모은 돈으로 갈 수 있는 곳 중에 한국인이 가장 없는 곳을 찾았어요. 그렇게 해서 가게 된 곳이 한 번도 이름을 들어본 적이 없는 몰타라는 곳이었어요."

한국에 들어왔는가 싶더니 어느새 다시 몰타로 간다. 그렇게 몰타로 간 것이 2011년 3월이었고, 정 작가는 그곳에서 7개월 정도 있으면서 타인의 시선으로부터 자유로움을 만끽했다고 한다.

무엇이 정 작가에게 그 많지 않은 나이에 벌써 타인의 시선으로부터 자유로워지고 싶게 만들었을까?

"좀 더 정확히 말씀드리자면 사회적 시선이었어요. 그때 그런 느낌이 들었거든요. 사회적 시선이 자석 같고, 제가 마치 쇳가루 같아서 저는 마냥 빨려들어 가는 느낌이 들었어요. 저라는 사람의 생각이나 의견 같은 건 전혀 중요하지 않고 그냥 무조건 따라갈 수밖에 없는 사회구조라고 할까요. 세상에는 여러 길이 있어야 하는데, 마치 전부

다 무빙워크에 올라타서 마냥 끌려만 가는 그런 느낌이었거든요. 그러다 보니까 이게 어디로 가는 길인지도 모르겠고, 내 인생인데 나한테 선택의 여지도 없는 것 같고. 이게 과연 내 삶이 맞나 하는 생각이 하루에도 수십 번씩 들었거든요."

청년인데 중년의 고뇌와 하나도 다를 바가 없다. 그만큼 우리 사회가 이제는 청년들로부터도 꿈을 빼앗고 있다는 걸까. 들으면서 어딘지 참 마음이 씁쓸했다.

그래서 그녀는 무빙워크에서 떨어져 나와 몰타에서 자신만의 길을 찾은 걸까? 그렇다면 어떻게?

"처음엔 영어공부를 하러 간 건데 제 인생에서 완전히 홀딱 벗고 논 느낌(?)이라고나 할까요. 정말 그랬다는 게 아니라 비유하자면요. 하고 싶은 대로 말하고, 생각나는 대로 해보고. 그동안 제 안에 억눌렀던 모든 것을 끄집어내서 다 해봤어요. 거기다 몰타가 영국 식민지였기에 유럽에서도 영국보다 저렴한 가격에 영국식 영어를 배울 수 있는 곳이기도 해요. 그러다 보니 진짜 너무너무 많은 나라에서 다양한 친구들이 온 거예요. 그게 또 저한테는 엄청나게 신세계였어요. 문화가 다른 사람들은 저하고 또 다르게 생각하더라고요. 그런데 전 그런 시각과 생각들이 너무너무 신선했고 충격이었고 많이 배울 수 있었거든요. 몰타는 마치 저의 청춘 정거장과 같았어요. 제 인생에서 완전한 터닝포인트였죠."

내적 자아가 툭 터짐과 동시에 외적으로도 더 큰 세계에 눈을 뜬 시기라는 생각이 들었다. 역시 공부란 책상 앞에서만 하는 게 아니라는 느낌이 들면서 이런 식으로 자신을 키워가는 사람도 있구나 싶었다.

그래서 그녀가 청춘 정거장 끝에서 찾은 건 무엇일까?

"다름 아닌 저 자신이었어요. 이런 표현이 어떨지 모르겠지만, 있는 그대로의 내가 보물이라는 생각이요. 그러니까 더는 나 자신에게 뭐가 되어야 한다고 강요하거나 몰아세우지 않고 그냥 있는 그대로의 저로 살아도 괜찮겠다는 그런 생각이요."

사실 이런 생각은 우리 사회 속에서 자연히 할 수 있게 해주어야 하는 건데, 청춘들이 이토록 아파하면서 낯선 곳 먼 나라에 가서야 자신을 내려놓고 찾을 수 있었다는 말에 기성세대로서 미안함이 올라왔다. 지금 이 순간에도 어쩌면 지구 어딘가에서 아파하고 있을지 모를 또 다른 청춘이 느껴져서 말이다.

아무튼 그렇게 먼 낯선 땅에서 자아발견을 한 정 작가는 2012년 다시 한국에 들어와 패션계에 발을 들여놓았다는데 이건 또 어찌 된 일일까 싶다.

"패션계 일이라고 해서 뭐 특별한 건 아니고요. 패션협회가 잠시 운영했던 동대문 수출 지원센터 해외전시회 관련 업무를 맡게 됐어요. 해외 바이어를 대상으로 국내 업체들의 해외 시장 판로를 넓히는 수출 관련 전시를 하는 일인데 서울시와 패션협회가 공동주최를 하는 그런 일이었거든요. 아무래도 제가 일어와 영어가 조금 가능하다 보니까 좋은 기회를 잡을 수 있었어요. 1년 계약직으로 시작했는데 일이 있어서 1년 6개월 정도 했어요. 동대문 수출 지원센터 운영이 서울디자인재단으로 이전되면서 잠시 쉬었다가 다시 협회로 들어가 일했어요. 그러다 결혼 때문에 그만뒀죠."

어라? 정 작가도 결혼 때문에 일을 그만둔다…? 어쩐지 지금까지의 정 작가 이미지와는 어딘가 앞뒤가 안 맞는 것 같다. 자기 일을 누구보다 고수할 것 같은데 말이다. 이유가 뭘까?

'아. 저희 신랑이 스웨덴 사람이거든요. 그래서요."

그럼 그렇지. 그런데 남편이 스웨덴 사람이라니, 참으로 정 작가 이야기는 끝없는 반전인 것 같다. 몰타에서 만난 걸까?

"아니요. 처음 만난 건 2007년에 일본에 갔을 때였어요. 그런데 그 땐 둘 다 너무 어려서 끌리기는 하지만 도저히 앞날을 기약할 수는 없는 상태였던 거죠. 그래서 그냥 온라인상으로 가끔 연락을 주고받는 좋은 친구로만 지냈죠. 그러다 제가 몰타에 갔을 때 신랑이 그곳으로 놀러 왔고, 그러면서 점점 서로 너무 잘 맞는다는 걸 알아가게 됐어요. 이후 남편이 엄청나게 노력해서 2012년에 한국에 교환학생으로 오게 됐고, 그때 제가 패션협회에서 일할 때였는데 동거를 시작했거든요."

외국인과의 혼전 동거라…. 아무리 사회적 시선을 의식하지 않기로 했다지만 정 작가에게도 그리 쉬운 일은 아니었을 것 같다.

"저는 오히려 괜찮았는데, 그래도 당시 부모님께 솔직히 말씀드리지는 못했어요. 결혼 뒤에 말씀드렸죠. 사실 남편이 한국에 교환학생으로까지 온다는 게 보통 일은 아닌 거잖아요. 그 정도로 제게도 확신이 있고, 또 인생을 건다는 의미이기도 했고요. 그렇지만, 아니 그렇기에 더욱 함께 살아보지 않고는 결혼을 결심하기 어렵다고 둘 다 판단을 내렸어요. 저희에겐 결혼이란 게 결국 어느 한 쪽이 다른 한 쪽의 나라로까지 가서 함께 살아야 하는 건데, 함께 살아보지 않고 그런 큰 결단을 내리지는 못하겠더라고요."

이런저런 이유로 한국에서도 동거 커플이 늘어나고 있는 게 현실이지만, 정 작가의 경우는 또 그만의 현실적 이유가 작용한 것 같았다.

"사실 저는 한국의 결혼이란 제도가 너무 무겁게 느껴졌어요. 집이 있느냐, 없느냐부터 시작해서 혼수며 예물이며 결혼 하면 떠오르는 리스트들이 있는데 전 그 또한 또 다른 얽매임처럼 느껴졌거든요. 그런데 지금의 남편하고는 결혼을 위한 결혼이 아니라 둘이 계속 함께 지내고 싶고, 함께 삶을 나누고 싶은데 그러려면 결혼을 해야 했던 거죠. 비자 문제 등이 있으니까요."

그러니까 결혼을 위한 결혼이 아닌 정말 함께하고 싶은 상대를 만나 함께 계속 살려다 보니 결혼에 이르게 됐다는 말이겠다. 사실 어찌 보면 참 원론적이고 당연히 그래야 하는 건데, 어쩌다 우리 사회에선 점점 더 어려운 이슈가 되어가는 건지…. 정 작가와 이야기를 나누다 보니 뜻하지 않게 한국이란 사회가 지닌 틀을 보는 것 같은 느낌이 들었다.

그나저나 결혼식 비용으로 160만 원밖에 안 썼다고 하니, 내친김에 이 이야기까지만 듣고 가자 싶었다. 이게 현재 한국 사회에서 어찌 가능한 일인지 정말 궁금했다.

"저희는 뭐 혼수 같은 건 지금 끼고 있는 이 반지 하나가 전부였거든요. 이것도 진짜 안 비싼 반지예요(웃음). 그리고 결혼식은 창원의 집이라고 하는 한옥 빌려서 했는데 여기 장소대여료가 무료예요. 옷 빌리고, 전통 혼례 상차림이라는 거 하는 데 돈 좀 들었고. 웨딩 촬영도 거의 다 저희가 하고 전문가분께는 50만 원 정도만 드리는 수준에서 촬영했어요. 결혼 축의금으로 들어온 돈은 이후에 언니 일 터져서 저 일 못 할 때 생활비에 보태 썼어요."

　외국인 남편과의 결혼이어서 가능했겠지만, 우리끼리도 조금은 더 조건에서 편해지는 결혼절차가 행해질 수는 없는 걸까를 생각해보았다. 절대 쉽지 않을 걸 알면서도.
　그나저나 언니의 일을 겪으며 작가로 데뷔하여 드디어 프리랜서의 길로 들어서게 됐다는 데 무슨 일이 있었던 걸까?

　"꼭 언니 일 때문에 작가가 된 건 아니고요. 몰타에 있을 때부터 그 시간이 너무 소중해서 글로 남기고 싶다는 생각을 하기 시작했어요. 1분 1초가 다 좋았으니까요. 그런데 몰타에서 돌아와 아는 동생을 만나 몰타에 대한 이야기를 해주다 그 동생이 제 이야기를 듣고 자신도 몰타를 가겠다고 하는 거예요. 원래 있는 돈 다 모아서 프랜차이즈 닭집을 개업할까 어쩔까 고민하던 중이었거든요. 저는 있는 그대로 아무렇지 않게 이야기한 건데, 제 이야기가 누군가의 마음을 울릴 수 있다는 걸 그때 처음 깨달은 거죠. 무지하게 신기했어요. 그래서 패션협회 들어가면서 정식으로 글쓰기 반을 듣기 시작했죠."

　패션협회 들어가면서 정식으로 책 쓰기를 준비했다면 2012년경의 일이었는데 첫 책《아무도 모르는 누군가의 몰타》가 2015년에 출간 됐으니, 시간이 좀 걸린 셈이라고 해야 할까? 그만큼 첫 책에 공을 들여서 그런 걸까?

"3개월 정도 책 쓰기 수업을 듣고 이후부턴 저 혼자 글을 쓰기 시작 했어요. 그러면서 원고를 두 번 탈고했는데 두 번까지는 출판사하고 딱 맞는 이야기가 오고 가질 않았어요. 출판사들은 몰타라는 소재만 부각하려 하시는데, 전 몰타도 중요하지만 몰타에서 찾은 자아가 더 중요했거든요. 그래서 어떻게든 그 부분을 어필하기 위해 원고를 세 번 정도 쓰고 또 쓰고 했어요. 그런가 하면 사실은 제가 2013년 9월 에 결혼을 했는데 언니가 그해 11월 3일에 쓰러졌어요. 분명 일하다 쓰러진 건데 바로 산재처리는 안 되고 부모님들은 너무 놀라서 그저 망연자실하고요. 그러다 보니 원고에만 집중하지 못하기도 했고요."

원고에만 집중하지 못했던 정도가 아니라 그 상태에서도 원고를 놓지 않았다는 사실이 놀라웠다. 어지간한 사람 같으면 베테랑 작가 도 아니고 출간이 보장되지도 않은 첫 책을 그토록 끈질기게 잡고 있 지 못했을 것 같기에 말이다. 확실히 일본과 몰타에서 스스로 힘으로 자기중심을 잡은 것이 크게 작용했다는 생각이 들었다.

그런데 잠깐. 그사이에 결혼도 했는데, 그럼 결혼생활은 어찌 이어 갔던 걸까?

"저희가 결혼한 게 2013년 9월 말이었고 언니가 그해 11월 3일에 쓰러졌거든요. 그리고 산재처리가 된 게 2014년 5월 말이었는데 회사는 병과 업무가 전혀 상관이 없다는 입장을 취하며 도와주지 않았어요. 외상성 뇌출혈은 떨어진다거나 부딪히는 식이어서 사고 원인이 분명한데, 저희 언니의 경우에는 자발성 뇌출혈이었어요. 발병 당시 집에서 쓰러져서 업무와 질병의 직접적인 관계를 입증하는 일이 가장 힘들었어요. 그때 신랑이 부산에 와서 영어 강사로 일하고 한국어 공부를 하면서 함께 있어줬어요. 병원 5분 거리에 있는 가장 저렴한 방을 구하다 보니 보증금 20만 원에 월 20만 원짜리 방을 얻었는데 진짜 벌레가 나오는 방이었어요. 그땐 정말이지 선택의 여지가 없었어요. 그러다 2014년 3월에는 갑자기 시어머니께서 암이 발병되셨어요. 정말 위독한 상황이라 언니 간병하다 말고 둘이서 스웨덴으로 갔죠. 그땐 결혼 초고 뭐고 정말 정신없이 살았어요."

이야기를 들으면 들을수록 이게 지금 책이 나올 수 있는 상황인가 싶다. 같이 글을 쓰는 입장에서 글이 써지네, 어쩌네 했던 스스로가 마구 부끄러워지는 순간이었다. 도대체 그런 상황에서 어떻게 글을 쓸 수 있었을까?

"너무 힘들어서 글을 썼어요. 우리 집 형편으로는 뇌출혈 수술비도 그렇지만, 사실 그 이후가 더 큰 문제였거든요. 평생 장애를 가지고 살아야 하고 계속 병원 신세를 져야 하는데 이건 도저히 어찌할 수 있는 문제가 아니었어요. 그런데 회사에선 산재처리를 안 해준다고 하고. 또 부모님은 이런 쪽 일은 전혀 모르시고. 결국, 실질적으로 움직여야 할 사람은 저 하나밖에 없다는 걸 깨달았어요. 내가 여기서 정신 차리지 않으면 우리 모두 죽겠구나 하는 생각이 든 거죠. 그래서 더 글을 쓰게 됐어요. 힘들어도 글을 쓰고, 흔들려도 글을 쓰고. 그러면서 글 속의 저를 만나고, 제 심정을 확인하기도 하고. 병실은 보통 저녁 8시가 되면 소등하고. 타자소리 때문에 다른 환자분들이 불편해하세요. 그래서 간병일지도 몰타원고도 늘 병실 복도에 있는 환자용 이동식 침대에 앉아서 썼어요. 당시 나이트 근무를 하던 간호사들이 '보호자님 항상 뭘 그렇게 쓰세요?' 가끔 물어보곤 했네요. 여하튼 그때는 글이 오히려 저를 살렸다는 게 더 맞는 표현이에요."

그렇게 해서 결국 세 번의 탈고 끝에 2015년 4월 출판사와 정식으로 첫 책 출간 계약을 맺었다는 정수지 작가. 작가로서 그녀의 글뿐만 아니라 그녀의 삶 또한 참으로 당당하다는 생각이 들었다.
그런 그녀에게는 어떤 멘토가 있었을까?
"저한테 멘토는 책이었어요."

과연 작가의 길을 가려는 이의 이야기답다. 그렇다면 정 작가에게 내 인생의 책은 과연 무엇일까?

"우선은 헤르만 헤세의 《데미안》이요. 《데미안》은 참 신기한 게 책이 변해요. 10대 때 읽었던 《데미안》과 20대 때 읽었던 《데미안》이 달라요. 그런가 하면 30대에 읽으니 10대나 20대 때는 몰랐던 이야기들이 들려요. 그냥 짧은 문장들인데도 훅 하고 파고들어 뒤흔드는 느낌이랄까요. 마치 나를 만나는 여행을 하는 기분이 들었어요. 나의 내면과 대화를 나누며 나라는 사람이 누구인지 찾아가는 여행. 여하튼 그 책은 두고두고 읽어도 좋겠다는 생각이에요. 그리고 스콧 니어링의 동반자였던 헬렌 니어링의 책도 무척 좋아하고요."

청춘을 돌고 돌아 자신이 보물이었음을 깨달았다는 정 작가. 그동안 다양한 나라를 가보고 살면서 눈뜨게 된 문화적 다양성에 대해 이제 남편을 따라 스웨덴에 거주하면서 칼럼니스트로서 작가로서 활동하고 싶다는 그녀. 그녀가 아직 사회적 시선에 얽매여 자신이 보물인지 모르고 아파하는 후배들에게 해주고 싶은 말은 과연 무엇일까?

"아까도 말씀드렸지만, 저희 사회는 청춘들에게도 쇳가루가 자석에 끌려가듯 그렇게 사회적 대열에 합류하는 삶을 너무 강하게 요구하는 듯해요. 거기다 나라는 사람의 알맹이보다는 내가 무엇을 가지고 있느냐에 너무 포커스가 맞춰져 있고요. 그런데 내가 소유한 것이 진짜 나는 아닌 거잖아요. 진짜 내가 누구인지, 진짜 내가 무엇을 할 수 있고 하고 싶어 하는지. 그런 일들이 진짜 가치 있는 일이니까 무조건 사회적인 그리고 타인의 시선에 너무 끌려가지는 말았으면 좋겠어요."

　사회적 무빙워크에서 내려와 자신만의 길을 당당히 걸어가는 정수지 작가. 힘겹고 어려운 일도 많지만, 그만큼 단단하고 깊은 영혼을 지녔다는 느낌이 들었다. 스웨덴에 가서도 한국과 그곳의 문화 차이를 그녀만의 날카로운 시선으로 칼럼에 담기를 기대하며 긴 인터뷰를 마쳤다.

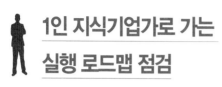

1인 지식기업가로 가는
실행 로드맵 점검

▶ 로드맵 1: 꿈 혹은 천직을 찾았는가?

사실 어릴 때부터 일기 쓰기를 좋아하는 정도였던 걸 빼면 온몸으로 삶에 부딪치며 자신의 꿈을 비교적 늦게 찾아낸 경우라고 해도 될 것 같다. 그러나 글이라는 천직을 찾고 보니 이전까지 모든 삶이 이야기되는 느낌이랄까. 역시 꿈이란 것은 꼭 어릴 때부터의 무언가는 아니어도 괜찮다는 생각이 들었다.

▶ 로드맵 2: 그 일이 자신의 성격과 기질에 맞는지 충분히 검토했는가?

대신 자신의 기질에 맞는지는 너무도 처절히 보여준 사례다. 쓰러진 언니 병간호를 하면서 산재처리를 해야 하는 극도의 상황에서 글이 있어 버텼다고 하니, 이 부분에 대해선 누구도 할 말이 없게 만드는 듯하다.

➡ 로드맵 3: 천직의 시장성을 검토했는가?

글쓰기 혹은 작가라는 큰 카테고리로 시장성을 평가하기는 어려운 경우다. 그런 만큼 지금까지 그녀가 살아온 경험치만으로 책을 써도 앞으로 두세 권은 더 나올 것 같고, 그 책들은 같은 작가의 처지에서 봐도 충분히 시장성이 엿보인다. 게다가 인터뷰하면서 느낀 가장 큰 점은 그녀가 비단 작가로서뿐만 아니라 문화적 차이를 짚어내는 안목이 매우 날카롭다는 점이다. 앞으로 칼럼니스트로서 활동이 더욱 기대되는 이유이기도 하다. 이 방면에서의 시장성 또한 매우 밝아 보인다.

➡ 로드맵 4: 천직이 필살기 수준까지 도달하도록 수련했는가?

작가나 칼럼니스트가 천직이라고 할 때, 2013년부터 글쓰기를 시작했고 2015년 첫 책이 출간됐으니 3년 정도 필살기를 연마해오는 중이라고 할 수 있겠다. 그렇다면 아직은 필살기가 정점에 다다르기까지는 조금 더 수련의 시간이 필요하다고 볼 수 있겠지만, 그간의 행보를 고려하면 정 작가가 글쓰기를 손에서 쉽게 놓을 것 같지는 않아 보인다.

➡ 로드맵 5: 최소한의 생존경비는 확보하고 시작했는가?

결혼 당시 축의금이 800만 원 들어왔는데 이후 언니 일이 벌어지면서 두 사람 생활에 큰 보탬이 됐다고 한다. 남편이 부산에서 영어 강사로 일하면서 수입을 유지하고, 정 작가도 시간 되는 대로 통역 일을 하기도 했다지만 상황이 상황인지라 최소 생존경비 부분에선 참 힘든 시간을 이겨낸 경우라 할 수 있을 것 같다. 그래서 한편으론 자신의 목표가 분명하고 뜻이 확고하면 인간은 결코 환경에 무너지지 않는 존재이기도 한 건가 하는 숙연함이 느껴지기도 한다.

➡ 로드맵 6: 초기 수입의 다각화를 모색했는가?

비슷한 맥락에서 수입 다각화를 모색하는 것 자체가 어려웠으리라고 봐야 할 듯하다. 그런데도 그 시간을 버텨낸 것이 그저 놀라울 따름이다.

➡ 로드맵 7: 멘토가 있었는가?

실존하는 인물로 치자면 다른 인터뷰이들처럼 정 작가도 멘토가 없다고 하겠다. 그렇지만 작가의 길을 가려는 사람답게 책을 자신의 멘토로 꼽았다.

➡ 로드맵 8: 1인 지식기업가 초창기, 나보다 큰 커뮤니티에서 채널 마케팅을 시작했는가?

2013년 약 3개월간 책 쓰기 공부를 제외하고 이후부턴 집안의 어려운 일에 몰두하느라 자기 시간을 갖지 못한 상황에서 2015년 첫 책을 출간한바, 연관 커뮤니티에 소속되어 활동할 기회는 얻지 못했다. 하지만 개인적으로 페이스북 등의 소셜 미디어 활동은 누구보다 활발히 진행하고 있는 경우여서 채널 마케팅보다는 개인 마케팅이 더 강한 사례가 아닐까 하는 생각이 들었다.

➡ 로드맵 9: 개인 마케팅의 정점인 책 쓰기를 시도했는가?

자신의 조각 이야기들을 모으고 또 모아서 책 쓰기를 시도하고, 그러면서 동시에 칼럼니스트로서 1인 지식 기업가의 비즈니스 모델을 확장 중이다. 그런 만큼 책 쓰기가 자신의 콘텐츠를 하나로 모으는 작업의 끝이자, 자신을 알리는 마케팅의 시작이기도 하다. 첫 책의 출간과 함께 칼럼이나 해외 통신원 등의 다양한 길이 열릴 것으로 기대한다.

- 현재 선데이잼 대표
- 건국대 화학공학과, 국제무역학 학사 졸업
- AK백화점 및 이마트, 롯데마트 문화센터 60여 지점에서 잼 강의
- 양평농업기술센터, SK 임직원 대상 잼 강의 및 자문
- 2014년 〈Job Creation〉 서적(한국직업능력개발원)에 수제 잼 장인으로 소개됨
- 다큐멘터리 4부작 tvN 〈농부가 사라졌다〉에 수제 잼 장인으로 소개됨

– sundayjam.blog.me

9장

몰입의 힘

: 강병진(선데이잼 대표) :

잼처럼 인생도
달콤하고 밀도 있게

드르륵.

들들들.

위잉 윙윙.

사과여서 그런지 믹서기 돌아가는 소리가 좀 시끄럽다. 그나마 낮에는 괜찮은데 저녁이 되면 조마조마하다. 이러다 어머니가 또 한소리 하실 것 같은데….

"또야? 병진아, 너무 시끄러워. 온종일 믹서기를 돌려대니 살 수가 없다. 인제 그만 좀 하자."

앗! 역시다. 참다 참다 어머니가 또 부엌에 행차하시나 보다. 오늘은 여기까지 해야 할 듯하다. 아쉽다. 아직 더 시도해보고 싶은 게 남았는데…. 꿈속에서나 해야 하나.

"아악! 이게 뭐야 부엌이! 네가 다섯 살 난 꼬마애도 아니고. 부엌을 이리 난장판을 만들어놓으면 어떡해!"

에고, 믹서기에 사과 갈고 잼 만드는 데만 정신이 팔려서 주변을 못 봤는데 내가 봐도 부엌이 좀 처참하긴 하다. 헤헤. 그런데 왜 어머니가 난리 치실 때까지 내 눈엔 안 보이는 거지….

긁적긁적. 이럴 때는 납작 엎드리는 게 살길이다.

"엄마~ 엄마앙~ 미안미안. 제가 얼른 치울게요, 얼른. 엄만 방에 들어가서 쉬고 계세요. 제가 얼른 치워놓고 나갈게. 엄마~."

"어휴. 내가 못 살아. 온종일 부엌을 차지하고 앉아서 동네 사과 다 끌어다 갈아대고 있으니. 도대체 뭘 하자는 건지. 멀쩡히 다니던 대기업을 나와서 사내 녀석이 도대체 뭘 하는 건지 알 수가 없어, 알 수가. 어휴, 내가 못 살아."

그랬다. 나도 정말이지 남들이 다 부러워하는 대기업을 내 발로 왜 걸어 나왔는지 지금도 딱 부러지게 이해는 되지 않는다. 그리고 지금 내가 뭘 하는 건지, 이걸로 뭘 하겠다는 건지도. 그러나 딱 한 가지 아는 게 있다.

지금의 이 일이 너무너무 재미있다는 것. 사과에 마냥 빠져들고 있다는 것.

그렇게 2013년 9월부터 난 부엌을 난장판으로 만들며 온종일 사과를 갈고 잼을 만들며 보냈고 드디어 12월 첫 판매를 했다. '육천오백' 원에!

　하하. 그때의 그 감격, 그 기쁨이란!

　남들에겐 푼돈 6,500원이겠지만 내겐 다르다. 내겐 꿈이자 희망이자 마냥 많음이다.

　사실 나 자신도 몰랐다. 그렇게 우리 집 부엌에서 시작했던 6,500원짜리 잼 비즈니스가 이후 나를 이렇게 다른 길로 끌어갈 줄을. 이 길에서 얼마나 좋은 분들을 만났으며, 얼마나 재미있게 일하고 있는지 지금도 믿기지 않는다.

　때로 인생은 가장 가까이에서부터 끌리는 것을 잡고 따라가면 되는 것 같다. 그러다 보면 그 길이 나도 모르는 사이 나를 이끌어주기에 말이다.

　선데이잼, 강병진. 난 오늘도 행복하다.

대기업 직원에서
수제 잼 사장으로

선데이잼 강병진 대표의 첫인상은 참으로 순수하고 밝았다. 이런 사람이라면 정말이지 건강한 잼을 만들 것 같은 느낌이랄까. 그런데 무엇보다 대기업을 다니다 제 발로 걸어 나와 수제 잼 만들기를 시작했다는 것에 호기심이 생겼다.

"아마 제가 남자여서 더 그런 것 같기도 한데요, 정말 많이들 물어보시죠. 사실 제가 생각해도 딱히 회사를 나온 이유 같은 건 없어요. 그때 이미 잼 사업을 계획했던 것도 아니었고요. 굳이 되돌아보고 생각해보면 학교 때부터는 무역학 부전공을 살려서 친구들이랑 직접 이런저런 비즈니스 실험들을 할 수 있었던 게 좋았는데, 회사를 가니까 제가 딱 중간에 끼인 것 같은 느낌이 들었어요. 그때 끄적여놓은 노트들을 보면 햇빛 좀 보고 일하고 싶다라거나 좋은 사람들과 좋은 영향을 주고받으며 일하고 싶다라는 말들이 많이 나와요. 그땐 제가 그냥 중간에 낀 부속품 같은 느낌이 들었어요."

'햇빛 좀 보고 일하고 싶다….' 해맑게 생긴 강 대표가 그런 말을 하니 더 짠함이 몰려온다. 회사원이라면 누구나 겪는 우리의 사회 현실인데, 이건 도대체 어찌해도 개선되지 못하는 걸까 하는 답답함도 들고 말이다. 틀에 짜인 구조에서 숨쉬기 어려워 대기업을 박차고 나왔다는 의미일 텐데 어디서부터 그런 생각을 품게 됐을까?

"대학교 때부터 군대 다녀와서 1년 반 정도 배낭여행을 갔는데 그때 처음으로 제 생각의 틀이 깨졌어요. 정답이라 생각했던 삶이 꼭 그렇지만은 않더라고요. 너무 다른 생각과 정말 자기 삶을 사는 사람들을 만났거든요. 여행 후 돌아와서 부전공으로 국제무역학을 선택했는데 수직적 체계의 공대하고는 많이 다르더라고요. 그때까진 뭐랄까요, 고등학교 때 형이 대학 가니까 따라가고, 형이 공대 가니까 저도 공대 가고 이런 식이었거든요."

우리나라 교육체계에선 어릴 때부터 스스로 자신이 잘하거나 좋아하는 일을 찾아가기가 몇몇 소수를 제외하고는 쉽지 않은 일인 것 같다. 강 대표 역시 사회적 시각으로 보자면 무난히 대학 가고 대기업 취직하고, 어쩌면 이 사회가 가장 바라는 길을 걷고 있었다고 할 수도 있으니 말이다. 그러던 그가 배낭여행을 통해 첫 번째로 생각의 틀을 깨고 이후 대기업의 구조적 형태에서 자신만의 길을 찾으러 사다리를 걷어차고 나왔다.

그리고 그는 어떤 행보를 이어갔을까?

"한 번 더 다른 직장에서 일을 하긴 했는데 역시 같은 느낌을 지울수 없었어요. 다시 회사를 나왔죠. 회사를 나오고 일주일이 지나면서 공허함을 느꼈어요. 더는 학생도 아니고 회사원도 아니니까요. 소속감이 없다는 게, 이 사회에서 불필요한 사람이 된 듯한 마음이 들게 하더라고요. 은퇴하신 분들이 가장 많이 가는 곳이 도서관, 공원, 카페예요. 뚜렷한 결과는 없지만 무언가 하고 있는 듯 보이거든요. 지금의 상태도 충분히 괜찮다는 이야기가 필요했어요. 그렇게 도서관을 다니며 책을 읽었고, 사람들과 텃밭에서 흙을 만지는 일은 저를 보듬어주듯 천천히 치유해줬어요."

텃밭이라…. 도서관까지는 충분히 이해되는데 멀쩡한 청년이 잘다니던 회사를 두 번이나 나와서 텃밭을 가꾼다? 얼른 이해가 가질 않아 조금 더 파고들었다.

"아까도 말씀드렸듯이 딱히 어떤 목표를 갖고 시작한 건 아니었어요. 무언가 할 일이 필요했죠. 지금 생각하면 사회의 시선으로부터 떨어져 처음으로 오롯이 저 자신을 돌아보는 첫 경험이었어요. 그때부터 주변이 보이더라고요. 대학 대신 일찍 일자리를 고민했던 친구들은 나보다 몇 년 전에 이런 고민을 했겠구나 싶었어요. 이런 시간을 갖지 못하고 그대로 더 시간을 흘려보냈다면 은퇴할 때 벌거벗은 느낌이 들었겠다 싶어요. 주변에선 하고 싶은 것부터 시작하라지만 정작 이런 시간을 못 갖고 성장하면 무얼 하고 싶은지도 모르거든요. 지금 할 수 있는 것부터 시작하기로 했어요. 그게 텃밭이었어요. 귀찮을 수도 있는데 흙을 만지는 일이 끝이란 게 없더라고요."

그러니까 강 대표는 뭔가 뚜렷한 실체나 목표를 정해놓고 회사를 그만두었다기보다는 미래를 오픈한 상태에서 끌리는 대로 찾아가다 자신의 길을 찾은 셈이다.

그럼 텃밭 가꾸기와 잼 만들기는 어떻게 연결된 걸까?

"텃밭을 하다 보면 채소가 정말 많이 나온다는 걸 알게 돼요. 지인과 나누어도 남더라고요. 어머니께서 오이지나 피클류를 정말 맛있게 만드시거든요. 피클을 만들어야겠다 생각했어요. 하지만 짠맛이다 보니 개인적으로 큰 매력은 못 느꼈어요. 어릴 때 부모님이 맞벌이를 하시다 보니 평일에는 바빠서 간식은 꿈도 못 꿨어요. 주말이 되면 맛탕, 팬케이크, 잼처럼 달콤한 간식을 많이 해주셨죠. 그래서 달력의 빨간 날을 기다렸어요. 그렇게 어렸을 때 일을 떠올리다가 달콤한 잼 형태의 병조림을 만들어야겠다 생각했어요. 홍콩의 장미잼, 호주의 베지마이트, 프랑스의 밤잼, 아르헨티나의 밀크잼처럼 예전에 여행하며 먹었던 잼들이 생각났어요. 당시 일본 원전 문제로 식품 출처에 대한 관심이 높았고요. 공장에서 만든 잼은 너무 달다는 느낌이 있는 데다 재료도 한정되어 있거든요. 반면 직접 과일을 재배하여 잼을 만드는 농장은 최고의 원물은 모두 판매하고 판매 못 하는 남은 과일로 잼을 만들더라고요. 무언가 그 사이에서 내가 할 수 있는 일이 있겠다 싶었어요. 그렇게 청약통장도 깨가며 잼을 만들기 시작했어요."

정말이지 자신 안에서 울려 나오는 가느다란 실마리 하나를 잡고 따라가다 결국 운명의 끈을 만난 기분이랄까. 그래도 그렇지, 뚜렷한 사업 목표도 없이 3개월 동안 사과를 상자째 사다 매일 갈고 잼 만들고 하다니. 지금이야 웃으면서 돌아볼 수 있는 일이지만 그때는 참 이해받기 어려웠을 것 같다.

도대체 무슨 생각으로 사과 잼 만들기에 그토록 몰두할 수 있었던 걸까?

"단순히 유기농 잼을 만드는 게 목적은 아니었어요. 종종 설탕 대신 과당이나 올리고당 쓰면서 무설탕 100% 딸기잼이라고 말하거나 보존제 또는 첨가물을 쓰면서 무첨가물, 무색소, 무보존제란 말로 현혹하는 잼들을 봤거든요. 잼은 당 절임이라 그것들이 굳이 필요가 없는데도 말이죠. 재료에 어울리는 배합으로 당 종류를 찾고, 잼을 더 맛있게 즐기고 즐거운 기억을 나눌 방법을 생각했어요. 큰 목적은 없었어요. 그래서 더 몰두할 수 있었나 봐요. 마치 책에서나 나올 법한 이야기처럼 몇 개월 동안 밤낮없이 만들던 잼이 집 안 냉장고에 가득 채워지고 베란다의 김치냉장고, 방 안에까지 채워지기 시작해서 무언가 변화가 필요했죠. 당시 노트를 보니 '잼 10병만 팔아보고 싶다'라고 쓰여 있더라고요(웃음)."

대단한 몰입의 힘이라는 생각이 들었다. 어쩌면 강 대표가 장래 사업계획에 대해 이런저런 구상이 없었기에 더 몰입할 수 있었던 것이 아니었을까 하는 생각도 들었다. 미래 계획이라는 것이 전략적인 측면에서 보자면 필요할 때가 있는가 하면, 심리적 측면에서 보면 그로 인해 더 조바심이 나기도 하니까 말이다. 균형 잡힌 길을 걸어간다는 것이 현실에선 결코 쉬운 일이 아닌 듯하다.

그렇게 3개월 만에 이젠 팔아도 되겠다고 자부하는 최고의 잼을 만들어낸 강 대표. 맨 처음 6,500원을 받고 한 병을 팔았다고 하는데, 그때 느낌이 어떠했을까?

"정말 신기했어요. 회사에서는 수억 원을 다루는데 그것과 많이 달랐어요. 이건…, 뭐랄까요. 세상에 없던 것인데 순전히 제 머릿속의 개념이 돈이 된 거잖아요. 와, 그 기분은…. 지금도 신기해요."

2012년 12월의 일이었으니 벌써 3년도 더 된 일인데도 그에겐 아직도 얼떨떨한 신기함이 남아 있는 듯하다. 아마 그만큼 자신을 내던져 올인했다는 의미인 듯하다.

그래서 그다음 행보는 어떤 것이었을까?

"친구가 프리마켓 얘기를 하더라고요. 지금은 프리마켓에서 잼이나 청 판매를 자주 볼 수 있지만, 그땐 프리마켓 자체도 별로 없었고 잼을 판매하는 사람은 거의 없었어요. 막 시작할 때라서요. 그래서 나갔는데 잼이 다 팔린 거예요. 20~30병 가져간 것 같은데 다 팔리니까 너무 놀랐죠. '어, 잼이 팔리네?' 이런 느낌이었죠. 그리고 그다음에 광화문에서 또 프리마켓이 있어서 갔는데 거기서도 또 가져간 걸 다 판 거예요. 그래서 '아, 이게 가능하구나. 그럼 제대로 한번 해봐야겠구나' 하는 마음이 들었어요. 그래서 겸사겸사 강북청년창업센터에 입주를 지원했어요."

그러니까 강 대표가 수제 잼을 만들어 세상에 내놓은 것은 다름 아닌 프리마켓이란 곳을 통해서였다고 볼 수 있겠다. 그렇다면 꼭 잼이 아니라 강 대표가 처음 개발할 때처럼 무언가 아직 우리나라에서 만들어지지 않은 걸 만들어서 프리마켓에서부터 시도해보면 어떨까 하는 생각이 문득 들었다.

아무튼 그렇게 강 대표는 프리마켓을 통해 선데이잼에 대해 확신하고 제대로 사업을 해봐야겠다고 마음먹었다. 그래서 서울시 청년 창업센터에 지원했다는데, 그렇다면 이곳에서 실질적인 도움을 많이 얻었을까?

"지원금도 받으면서 비즈니스 인큐베이팅을 해볼 수 있으니까 할 수만 있다면 안 할 이유가 없는 곳이에요. 그런데 저한테는 그런 이유보다 더 컸던 게 사실 사람들이었어요. 이런 일 처음 시작할 때는 모든 걸 혼자 결정해야 하고, 그러다 보면 외롭다 느낄 때가 많아요. 그런데 거기는 저랑 비슷한 생각을 하는 이들이 모여서 서로의 생각을 공유한다는 것이 정말 좋았어요."

마냥 밝게만 보이던 강 대표도 이 이야기를 하는데 진지해진다. 사람은 누구나 어깨동무할 동료가 필요하고, 1인 기업가의 길에서도 예외는 아닌 듯하다. 아니, 1인 기업가의 길이기에 더 필요한 일인지도 모르겠다는 생각이 들었다. 그런 그에게 매출 이야기를 꺼내기가 좀 미안했지만, 그래도 가장 궁금한 점 중 하나인 만큼 그냥 넘어갈 수는 없었다.

"2013년 프리마켓을 나가면서부터는 월매출 400을 기록했어요. 그리고 2014년에는 연매출이 7,500이었고요."

수제 잼을 만들어서 2년 만에 연매출 7,500만 원이라니! 참으로 대단하단 생각이 들었다. 흔히들 생각하기를 회사를 그만두고 나오면 월급보다 많이 벌어야 한다는 근거 없는(?) 압력 같은 것이 있는 것 같은데, 사실상 1인 기업가의 길에선 전혀 도움이 안 되는 생각이다. 특히나 초창기에는 수입이 회사 다닐 때 연봉의 60~70%까지만 도달해도 첫눈을 뭉친 것으로는 대단한 일이기 때문이다. 그뿐만 아니라 사회에서 홀로서기 목표를 수치상으로 이전 연봉의 60~70%로 잡으면 심적으로도 부담감이 없어서 중간에 지치거나 조바심내지 않고 꾸준히 걸어갈 수 있다. 그런데 오히려 반대로, 회사를 나왔으니 회사에서보다 더 많이 벌어야 한다는 생각은 자신을 더 궁지에 몰아넣을 수도 있다. 그런 의미에서 강 대표는 참으로 적절한 사례다.

그렇다면 강 대표는 연매출 7,500만 원을 어떻게 기록할 수 있었을까?

"2013년 제가 프리마켓을 돌 당시 국내에는 수제 잼 만드는 사람이 별로 없었어요. 그래서 그랬던 것 같은데, 어떻게들 아시고 신문과 잡지에서 인터뷰 요청들을 해오시더라고요. 제 생각에 어지간한 곳하고는 거의 다 인터뷰를 해본 듯해요. 그러면서 별도의 홍보나 마케팅을 하지 않았는데도 선데이잼이 자연히 알려졌죠."

역시 자신만의 틈새시장을 만드니 세상에서 알아서 호응해오는 경우라고나 할까. 아무래도 강 대표는 대기업을 다니던 남자가 수제 잼을 만든다는 사실이 미디어의 주목을 받았던 것 같다. 다른 이들 역시 자신만의 차별화된 틈새시장을 공략하면 내일의 강 대표가 되지 말란 법이 없으리라.

그렇다면 강 대표는 그렇게 미디어 홍보에 힘입어 판로가 다각화됐을까? 분명 연매출 7,500만 원이라면 프리마켓 하나로만 도달했을 것 같지는 않은데 말이다.

"그렇죠. 잼을 만드는 게 간단해 보여도 판매를 위한 법적 허가는 까다로워요. 본격적으로 제조 허가를 받고 오프라인 매장 공급을 시작했어요. 2015년에는 문화센터 잼강좌도 나가고 있어요. 처음 시작할 때보다는 수입라인이 엄청나게 다양해졌죠. 지금은 수도권 외 분들을 위해 온라인 판매도 시작했어요."

정말이지 작게 시작해서 제대로 크고 있다는 생각이 들었다. 이 순간, 자신의 집에서 사업을 시작한 바디숍의 아니타 로딕을 떠올리는 건 지나친 비약일까? 무엇보다 눈에 띄는 건 수제 잼이었는데도 강 대표가 온라인 판매를 선행한 것이 아니라 오프라인의 작은 시장에서부터 입지를 차근차근 다져갔다는 점이다. 즉, 처음부터 수제 잼이라는 자신만의 강한 차별화 포인트를 만들어 프리마켓이라는 곳을 통해 그다지 큰 자본의 리스크 없이 브랜딩 파워를 만들었고, 이후 매체로부터 주목을 받아 그 힘으로 매장에 공급했다. 그렇게 어느 정도 사업이 안정화된 후에 전국적으로 온라인 사업을 준비했다. 바로 이러한 점이, 본인은 의도하지 않았겠지만, 훨씬 더 전략적이었다고나 할까.

동시에 본인이 전혀 의도하지도 상상하지도 못했던 또 다른 길도 열렸는데, 바로 문화센터 등에서의 강좌 개설이다. 이 길은 한편으론 수입 파이프라인이자 다른 한편으론 그 자체로 또 다른 입소문 마케팅을 활성화하는 일거양득의 길이다. 한마디로, 강 대표의 선데이잼 비즈니스는 2015년 3년 차에 어느 정도 안정권에 들어선 듯하다.

그렇다면 이 모든 일을 혼자서 해오진 않았을 터, 언제 첫 직원을 고용했을까?

"2015년이요."

그럼 2014년까지는 이 모든 일을 혼자서 해냈다는 걸까? 어떻게 그게 가능했을까?

"2014년에 서울시 청년창업센터 다음으로 용산 청년창업플러스센터라는 곳에 들어갈 수 있었어요. 그곳에서 주선해서 박람회를 나가는데 새벽 두 시까지 잼을 만들었어요. 사실 회사 다닐 때 누가 점심시간에 일 시키면 기분이 안 좋잖아요. 그런데 혼자 새벽까지 잼을 만드는데도 기분이 좋더라고요. 하하. 회사 다닐 때는 야근시키면 불만만 커지는데, 요즘은 밤을 새워도 몸은 힘들지만, 정신적으론 하나도 안 힘들어요. 무언가 세상에 내가 할 일이 있고, 그것을 누군가 좋아해 준다는 건 감동적이란 걸 이제 알거든요. 잼에는 원래 과일향이 없어요. 가열하면 거의 날아가거든요. 색감과 향을 200% 즐기기 위한 잼을 만들려면 어떤 건 2일이 걸리기도 하고, 조금 더 디테일을 살리려면 3일 이상씩 걸리는 것도 있어요. 맛있다는 한마디 말이 모든 피곤함을 잊게 하고 더 큰 책임감이 들게 해요. 잼을 통해 사람들과 소통하고, 멋진 분들을 만나면 내가 더 좋은 사람이 되어가는구나 느껴요."

강 대표는 정말이지 자기 일을 좋아하고 그 일에 푹 빠져 있다는 걸 고스란히 느낄 수 있었다. 긴 말이 필요 없는 순간이었다. 그런 강 대표에게 멘토가 있었을까?

"많죠. 너무 많아요. 사실 대학교 때까지는 오만했었는지 멘토가 없었어요. 교수님 한 분 빼고는 존경하는 분이 없었거든요. 그런데 제 잼을 처음 사주신 그분. 그분이 사실은 장학재단을 운영하시는 분인데 정말이지 주변분들을 이유 없이 정신적인 것부터 가능한 모든 걸 도와주시는 분이거든요. 그래서 한번은 여쭤봤어요. 왜 이렇게 잘 해주시는지. 그랬더니 그냥 너희가 잘됐으면 좋겠다고 말씀하시더라고요. 눈물이 날 것 같았어요. 정말 함부로 살면 안 되겠구나… 하는 걸 느꼈어요. 그리고 창업센터에서 만난 창업 닥터 역시 제겐 멘토와도 같은 분이셨어요."

그런 강 대표에게 내 인생의 책은 무엇일까? 회사를 나와 텃밭을 가꾸며 책을 읽었다는 그였기에 더욱 궁금하다.

"헤세의《데미안》이요. 이 책은 다섯 번이나 읽기를 시도하다가 그만둔 적이 있어요. 그런데 나중에 어려운 일을 겪으며 조용할 때 읽으니까 쭉 읽히면서 와 닿는 게 매우 많더라고요. 그다음이 카잔차키스의《그리스인 조르바》예요. 제가 고전을 좋아하는데, 힘들 때 고전을 읽으면 앞으로 어떻게 살아가야지 하는 것을 생각하게 해주거든요."

마냥 순수한 청년 같기만 한 강 대표인데 책 읽는 수준을 보니 속이 꽉 찬 느낌이 들었다. 헤르만 헤세와 카잔차키스는 고전 중에서도 자기 성장의 대가들 아닌가. 어쩌면 강 대표가 세상의 잣대를 내려놓고 자신의 끌림에 무섭게 몰입할 수 있었던 힘이 여기서 나온 게 아니었을까 생각해보았다. 끝으로 그런 그가 인생의 후배들에게 해주고 싶은 말이 있다면?

"하고 싶은 것이 있다면 지금 바로 시작하라고요. 젊을 때는 잃을 게 없어요. 모든 걸 얻을 뿐이거든요. 무얼 해야 할지 모른다면 나에 대해 깊이 생각할 시간이 부족했던 거예요. 지금 할 수 있는 작은 것부터 시작하세요. 꼭 무언가 만들 필요는 없어요. 본인이 믿는 가치를 어떤 방법으로든 실천하세요. 일과 삶이 균형 있고 자연을 느끼며 사는 게 얼마나 중요한지. 사람들과의 관계가 삶을 더 윤택하게 하고 가족 간 화목과 건강이 무엇보다 중요하단 생각을 해요. 강좌를 열어 레시피를 공유하고 매년 정기적인 가든파티로 사람들 만나기, 지역 사람들과 서로 도우며 성장하는 일들은 그런 가치들을 우리가 만드는 잼에 담을 수 있다고 믿기 때문에 하는 일들이에요. 그것이 지금 제가 잼을 만드는 이유거든요."

강 대표다운 예사롭지 않은 답을 끝으로 한 편의 이야기처럼 펼쳐졌던 그와의 인터뷰를 마쳤다. 더욱 많은 청년이 강 대표처럼 자신의 틈새시장을 만들어가길 바라는 마음 가득 안고서.

1인 지식기업가로 가는
실행 로드맵 점검

▶ 로드맵 1: 꿈 혹은 천직을 찾았는가?

강 대표는 자신이 고등학교 때 쓴 기록부에 1학년 파일럿, 2학년 사업가, 3학년 요리사란 장래희망을 보고 깜짝 놀랐다고 한다. 형이 대학을 가니 나도 대학을 가고, 형이 공대를 가니 나도 공대를 진학했다는 강 대표. 하지만 어쩌면 고등학교 때 이미 그 자신은 스스로 재능과 그 재능이 이끄는 앞날을 알고 있었던 걸까? 한마디로 단정하긴 어렵지만, 한 가지 중요한 건 부모님들도 그러하고 아이들 자신도 스스로 안에서 울려오는 작은 소리를 너무 가벼이 여기지 말있으면 하는 바람이다. 처음에는 작게 들리는 그 소리가 정말이지 남은 생, 나를 어디로 이끌지 모를 일이니 말이다.

➡ 로드맵 2: 그 일이 자신의 성격과 기질에 맞는지 충분히 검토했는가?

2012년 9월부터 12월까지 석 달 동안 온종일 사과를 갈아 잼을 만들었다고 한다. 그때만 해도 그것으로 무언가 뚜렷한 사업을 하겠다는 계획보단 기존 잼 시장에서 무언가 더 나아갈 수 있는 점을 발견하고 오직 최고의 잼을 한번 만늘어보고 싶다는 일념 하나로 몰입한 것이다. 이를 보면 그가 사업가이기에 앞서 진정한 잼 만들기 제작자란 생각이 든다. 그런가 하면 혼자 새벽 2시까지 박람회에 나갈 잼을 만들면서도 힘들기는커녕 즐거웠다고 한다. 자신의 기질에 충분하고도 넘치는 일을 찾은 경우라 하겠다.

➡ 로드맵 3: 천직의 시장성을 검토했는가?

처음엔 프리마켓이란 작은 시장을 통해 강 대표 스스로 이건 될 것 같다는 판단을 했다면, 훗날에는 매체의 주목을 통해 더 큰 시장에서의 시장성 또한 판명됐다. 자신만의 틈새시장을 아주 잘 공략한 사례다.

➡ 로드맵 4: 천직이 필살기 수준까지 도달하도록 수련했는가?

2014년까지 말 그대로 몸은 죽도록 힘이 들었으나 마음만은 즐겁게 홀로 선데이잼을 꾸려왔다고 한다. 2012년 9월부터 잼 만들기를 시작했고 2015년 9월이면 초창기 가장 어렵다는 3년 차 고비를 넘어가므로, 초반부 눈덩이는 튼튼히 뭉치고 있다고 여겨진다. 그러나 무엇보다 강 대표는 즐기는 자는 못 이긴다는 표현처럼 자기 일이 필살기 수준에 도달하는 그 여정 자체를 즐

기고 있다. 그것이야말로 그의 일이 확장일로에 있는 가장 큰 이유 중 하나가

아닐까.

➡ 로드맵 5: 최소한의 생존경비는 확보하고 시작했는가?

청약통장을 깨서 그걸로 도서관 가고, 사과 사고, 밥 사 먹고 했다고 한다. 물

론 이후 청년창업센터에 입주하면서는 매월 50만 원 정도의 지원금을 받았

다. 강 대표는 2013년부터 비교적 이른 시일 내에 매출이 발생한 경우이기

도 하다.

➡ 로드맵 6: 초기 수입의 다각화를 모색했는가?

2013년에는 프리마켓에서 거의 모든 매출이 발생했다면, 2014년 들어서는

매장 판매가 이뤄졌고, 2015년에는 강좌 개설까지 수입의 다각화가 발생하

고 있다. 그리고 현재 온라인 판매를 준비 중이라고 하니, 향후 또 다른 판로

가 구축되어도 놀라지 않을 것 같다. 작게 시작해서 안정적으로 성장하는 추

세라 할 수 있다.

➡ 로드맵 7: 멘토가 있었는가?

학교 다닐 때만 해도 멘토가 없었는데 자기 일을 시작하면서 아주 많은 멘토를

만나고 있다고 한다. 본문에서 꼽은 두 분 외에도 사업하는 모든 분한테 매 순

간 배우고 있다 하니, 그 자세가 아마 강 대표를 계속해서 성장하게 하지 않을까.

➡ 로드맵 8: 1인 지식기업가 초창기, 나보다 큰 커뮤니티에서 채널 마케팅을 시작했는가?

강 대표야말로 자신보다 큰 커뮤니티를 누구보다 잘 활용해서 오늘에 이르렀다고 본다. 처음에는 프리마켓을 통해서, 그리고 이후에는 서울시 청년창업센터의 지원을 받아 박람회에 나가는 등. 1인 기업가가 가야 하는 길을 아주 잘 보여주는 사례다.

➡ 로드맵 9: 개인 마케팅의 정점인 책 쓰기를 시도했는가?

채널 마케팅과 더불어 이 또한 강 대표가 강점을 발휘한 지점이다. 비록 그 자신이 책을 쓴 것은 아니지만, 그에 따르는 홍보 효과를 잡지나 미디어를 통해 충분히 취했으니 어떤 면에선 그 자신이 책을 쓴 것보다 더 좋은 마케팅 효과가 있지 않았나 싶다. 다만 한 가지 중요한 것은 신문, 잡지가 그토록 강 대표에게 주목한 것은 매체가 주목할 만한 그만의 차별화 포인트를 지녔다는 점이다. 이제 1인 기업가의 길을 시작하는 이들 역시 시장에 뛰어들기 전에 다시 한 번 이 지점을 더욱 날카롭게 만드는 데 조금 더 시간을 들여도 좋겠다는 생각이 들었다. 초기에 시간이 조금 더 들더라도 결국 그 길이 가장 빠른 길일지도 모르기에 말이다.

청년 1인 지식기업가들의
세 가지 포인트

처음에 청년 사례들의 인터뷰집을 시작할 때, 과연 청년 중에 1인 지식기업가의 사례가 될 만한 사례들이 있을지를 우려했다. 하지만 막상 뚜껑을 열고 보니 우려는 기우였음이 여실히 드러났다. 청년들의 이야기는 전작 남성과 여성 인터뷰집의 사례들보다 뜨거웠고, 톡톡 튀었고, 무엇보다 아프면서 재미있었다.

대개가 1985년생인 인터뷰이들. 이제 막 성인기에 접어드는 사례들인데 그들이 풀어놓는 이야기는 이미 중년 이상을 살아온 이들처럼 풍성했고 깊었다. 어떤 면에선 내가 강의하며 만나는 수많은 직장인보다 훨씬 더 많이 인생의 속살을 경험한 어른의 삶을 맛보고 있는 듯했다. 그런데도 그런 삶이 재미있다고 말하는 그들의 해맑은(?) 표정이 오히려 아프게 느껴지기도 했다. 이는 기성세대의 한 사람으로서 청년들의 삶이 이렇게 내몰리게 된 데 일말의 책임이 느껴지기 때문일 것이다.

그러나 그들의 이야기는 밝았고, 30대 초반에 이러한 경험들을 한다는 것이 먼 훗날의 삶에 얼마나 단단한 기반이 될지를 아는 세대로서, 언젠가는 자의든 타의든 나와야 하는 조직의 울타리 안에서 바깥세상을 두려워만 하는 이들보다 훨씬 희망적이라고 느꼈다.

지난 2012년 1인 지식기업가로 전환한 로드맵을 정리한 《1인 회사》를 출간한 이후 남성과 여성 사례에 걸쳐 이번에 청년 편까지 작업을 마쳤다. 그 과정에서 각 집단이 보여주는 그들만의 특징을 정리할 수 있었는데, 이는 지난 몇 년간 해온 작업을 통해 거둔 가장 큰 수확이다.

■ 남성 1인 지식기업가들의 키 포인트

1. 좋아하는 일을 할 것

2. 로드맵을 기획할 것

3. 실행할 것

4. 멘토를 갖출 것

■ 여성 1인 지식기업가들의 키 포인트

 1. 남성과 비교, 이미 수많은 여성은 1인 기업가의 길을 걷고 있음

 2. 결혼에 이어 출산 및 육아도 이젠 선택

 3. 선택하고 집중해야 함

1인 지식기업가의 길을 걷고 있다고는 하나, 남성과 여성은 커다란 차이를 보였다. 대개 조직에 오래 몸담았다가 인생 2막으로서 1인 지식기업가의 길을 걷는 남성들은 시스템적이고 정형적인 포인트를 제안했다. 이에 비해, 결혼과 동시에 조직에서 밀려나야 했던 여성들은 일찌감치 프리랜서의 길을 걸으며 사회와의 연결고리 하나를 놓치지 않기 위해 선택하고 집중해야 했던 현실을 고스란히 보여주었다.

그리고 이제 청년들에게서는, 중년 사례에서는 나타나지 않던 다음 세 가지 포인트를 발견할 수 있었다.

첫째, 멘토가 없다

남성 편 사례에서는 이구동성으로 멘토가 필요하다고 이야기했는데, 청년들은 대개 멘토가 없다고 답변했다. 이는 청년들의 특권이자 현재 우리 사회의 일면을 고스란히 보여주고 있는 듯해서, 한편으로

많은 생각이 오갔다.

누군가가 이끄는 대로 갈 필요가 없고, 스스로 온몸으로 세상과 부딪쳐볼 수 있다는 것이 청년의 특권이긴 하다. 그런 한편, 인터뷰에서 말하듯이 '어른이 없다'라는 것이 그들이 '멘토가 없다'고 답한 이유 중의 하나라는 점은 돌아서서 많은 생각을 하게 했다.

사실 멘토란 인생이라는 긴 여정을 놓고 볼 때는 필요한 존재다. 이것은 개인적인 생각이라기보다는 인류의 긴 역사가 지금까지 이어져 온 근본 젖줄과도 같은 흐름이다. 앞선 이들이 그들의 삶을 경험치로 물려주면, 다음 세대는 그것을 이어받아 그다음 단계로 성장하고 발전해나가는 방식 말이다.

그런데 현재 우리 청년 세대가 이구동성으로 멘토가 없다고 말하는 것은, 그만큼 등불처럼 길잡이로 삼고 따라갈 앞선 세대가 없다는 것과 같은 의미로 해석될 수 있다. 사회적으로 따라갈 어른이 없다는 말은 그만큼 우리 사회가 남겨주고 이어받고 할 소중한 무언가를 잃어버리고, 세대를 막론하고 다 같이 방향성을 잃고 헤매고 있다는 방증이 아닐까 생각된다.

지금의 청년들이 스스로 자신들의 북극성을 찾고자 고군분투를 하는 것 같아 한편으로 마음이 아팠지만, 현존하는 멘토를 찾을 수 없다면 인문고전에서라도 자신들만의 북극성 하나는 길잡이로 잡고 인생 여정을 이어갔으면 하는 바람 또한 컸다.

둘째, 프리랜서에게 대학 졸업은 선택이다

지면상 인터뷰한 모든 사례를 싣지는 못했지만, 프리랜서의 길을 걷고 있는 청년들 중에는 스스로 대학을 중퇴하거나 기질에 맞는 일을 찾아 전과한 경우가 많았는데, 이는 대한민국 교육의 현주소를 보여주는 듯했다.

한 세대 전만 해도 대학은 누구나 가야 하는 필수코스였다. 그러다 보니 남들보다 한 걸음이라도 더 나아가기 위해 학벌 인플레라는 말을 양산하면서까지 교육열이 타올라 전 세계를 놀라게 하곤 했다. 하지만 영원할 것만 같던 경제 성장이 IMF를 기점으로 급브레이크가 걸리며 평생 고용이란 말이 사라지고, '대학 졸업장=취업'이라는 불문율 역시 깨지고 있다.

한동안 급격한 경제 성장의 기세에 눌려 대학이란 곳이 마치 취업 정거장처럼 변했는데, 이젠 졸업생의 50%가 바로 백수가 되고 있다. 이런 사회 현실에서 대한민국의 수많은 대학의 존재 이유에 대해 청년들이 먼저 그 답을 제시하고 있다는 느낌이 들었다. 전작 여성 사례에서 여성들에게 출산과 육아가 선택사항이 되어가는 사회현상을 확인할 수 있었다면, 이번 청년 편을 통해서는 바야흐로 대학 교육이 선택사항이 되어가고 있다는 흐름을 볼 수 있었다.

셋째, 대학 등록금이면 창업할 수 있다

기성세대가 준비 없이 회사를 나와 허둥대다 결국 퇴직금 전부를 들고 닭집으로 우르르 몰려가는 것과는 달리 청년 창업가들은 대개 대학 등록금 정도의 소자본으로 그들만의 독특한 아이디어로 출발 하고 있었다. 이것이 가능한 이유가 뭘까? 바로 사고의 유연성, 작은 것에서부터도 기회를 찾으려는 번득임이 있기 때문이다.

강의나 워크숍을 통해 만나는 40대 이상 남성들의 경우 가장 큰 문 제는 다름 아닌 '체면'이다. 이전에 모모 기업의 차장, 부장급이었는 데 죽어도 구멍가게에서부터 시작은 못 하겠다는 체면 말이다. 그러 다 보니 주변의 작은 기회들이 보일 리 만무하고, 더더군다나 남들이 생각하지 못하는 독특한 아이디어는 언감생심이다.

그러나 청년들은 억 소리 이상의 자본금이 있을 수 없기에, 오히려 그런 약점을 극복하고자 소자본으로 창업하기 위해 최대한 자기 주 변의 작은 아이디어에서부터 승부하고자 한다. 그리고 바로 그것이 야말로 그들만의 독특한 블루오션을 만들어내는 필살기로 작동하고 있다.

1인 지식기업가의 가장 핵심적인 포인트가 뭘까? 바로 자신만의 고유성을 살린 '틈새시장 창출'이다. 즉 자신만의 필살기 발굴이 가 장 으뜸이자 첫 번째 생존 전략이다. 청년 세대들은 바로 여기에서 작지만 자신들만의 독특한 꽃을 피우기 시작했다.

경제 성장이 둔화하기 시작한 건 비단 한국만의 문제가 아니라 세계경제 전체의 문제이기도 하다. 그 가운데 인구 고령화와 맞물려 기성세대는 기성세대대로 인생 2막을, 청년은 청년대로 인생 1막부터 자신들의 먹거리는 스스로 만들어내야 하는 시대로 접어들었다. 1인 지식기업가의 길은 더는 선택이 아닌, 모든 세대를 막론하고 한 번쯤은 거쳐 가야 하는 길이 된 셈이다.

그런 만큼 남들이 다 하는 일을 따라 해서는 도저히 살아남을 수 없다. 자신만의 고유성과 독특한 아이디어를 살려 자본 리스크가 적은 일부터 차곡차곡 틈새시장을 만들어가는 것. 그것이 가능한 일이고 미래 우리 사회 1인 지식기업가들이 살아갈 길임을 발견하게 해준 청년들의 이야기였다.

에필로그

1인 지식기업가로의 아홉 가지 로드맵을 그린 《1인 회사》 출간 이후 남성과 여성 사례집을 내놓았는데, 그 작품들은 꼼꼼한 기획하에 작업한 것이었다. 그에 비해 이번 청년 편은 사실상 시대의 변화와 필요에 의해 기획되고 집필된 작품이라고 표현하는 것이 더 맞을 것 같다.

그만큼 지난 몇 년간 우리 사회는 변화의 속도가 더욱 빨라졌다. 그 중 가장 두드러지는 것이 개인들의 창직 필요성, 즉 개인들 스스로가 자기 밥벌이를 해결해가야 하는 문제가 더욱 절박해졌다는 점이라 할 수 있다. 그리고 그 절박함은 기성세대에게 한정된 인생 2막에서의 대안 찾기를 넘어섰다. 사회 진출 초입부터 아예 조직사회로의 진입 기회조차 얻지 못하거나, 기회를 갖더라도 아주 짧은 시기만 경험할 수 있는 이 땅의 모든 청년이 공통으로 당면한 과제이기도 하다.

그만큼 다급했기에 2015년 여름, 메르스가 전 국민을 움츠러들게 했던 그 시기에도 공저자들과 함께 인터뷰이들을 만나러 서울 시내 곳곳을 누볐다. 그리고 이제 한 권의 책으로 엮어져 출간을 눈앞에 두고 있다. 2013년 남성 편, 2014년 여성 편에 이어 2015년은 청년 편 작업에 전력을 기울이며 이제 대한민국 사회에서 1인 지식기업가는 더는 대안이 아닌 '필수 인생 여정'임을 다시 한 번 확인했다.

모든 세대를 다양한 각도에서 살펴보았던 국내판 시리즈를 끝내며, 앞선 세대로부터 어떤 지도나 나침반도 이어받지 못한 청년들에게 이 책이 작은 등불이 된다면 기성세대로서의 미안함을 조금이나마 씻을 수 있을 것 같다.

더불어 나를 포함한 1인회사연구소 연구원들 모두, 이제라도 1인 지식기업가로서 더욱 정교하고 풍부한 지도와 나침반을 만들기 위해 끊임없이 노력할 것을 다짐하며 3년에 걸친 긴 행보를 마무리 짓는다.

수희향